누구에게나 쉽고 재미있는 두뇌 트레이닝

가로세로 낱말퍼즐

일반상식

짱아찌 지음

KB196280

단한권의책

누구에게나 쉽고 재미있는 두뇌 트레이닝

가로세로 낱말 퍼즐 일반상식 1

1판 1쇄 2025년 2월 28일

지은이 짱아찌 지음
펴낸이 장재열

펴낸곳 단한권의책
출판등록 제25100-2017-000072호 (2012년 9월 14일)
주소 서울시 은평구 서오릉로 20길 10-6
팩스 070-4850-8021
이메일 jjy5342@naver.com
블로그 http://blog.naver.com/only1book

· ISBN 979-11-91853-46-9 13690
· 값 9,800원

CONTENTS

1단계
5 x 5

가로

1. 성문을 지키는 장수를 이르는 말.
4. 한 나라의 수도로 삼은 곳.
6. 하루에 천 리를 달릴 정도로 좋은 말.
7. 수준이 매우 높거나 뛰어남. ○○의 기술이 필요로 하는 반도체.
8. 세속적 이익이나 명예에만 마음이 급급한 사람을 얕잡아 이르는 말.

세로

1. 수영하면서 놀거나 수영 경기 따위를 할 수 있는 시설을 갖춘 곳.
2. 중대한 사명이나 장한 뜻을 품고 떠나는 길.
3. 거래 관계에서 얻는 이익.
5. 《삼국지》의 〈마속전〉에 나오는 말로, 중국 촉나라 제갈량이 군령을 어겨 가정 전투에서 패한 마속을 눈물을 머금고 참형에 처하였다는 데서 유래한 사자성어. 사적인 감정을 버리고 법의 기강을 바로 세우는 일에 비유하는 말.
6. 도읍을 옮기는 일을 지칭하는 말.

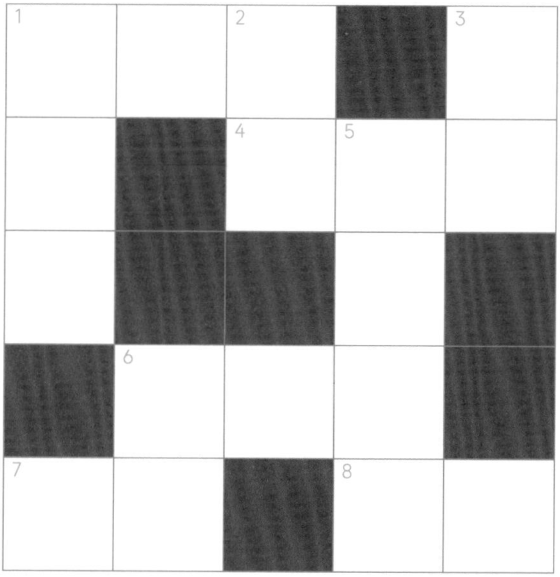

가로

1. 자꾸 느리게 어정어정 걷는 모양.
3. 삼면이 바다로 둘러싸이고 한 면은 육지에 이어진 땅으로 대륙에서 바다 쪽으로 돌출된 육지를 가리키는 말.
4. 절반 정도, 지면 아래로 파고 들어가 있는 공간.
5. 군대의 우두머리.
7. 망자가 생전에 써서 남긴 원고.

세로

1. 상품을 만들거나 파는 사람에게 그 상품의 생산이나 수송, 또는 서비스의 제공을 요구하거나 청구하는 일.
2. 도둑이 도리어 매를 든다는 뜻의 사자성어.
4. 연고나 붕대를 피부에 붙이기 위해 끈적끈적한 물질을 발라서 만든 헝겊 혹은 테이프 따위를 이르는 말.
6. 원시 부족 사회에서 우두머리의 역할을 하는 사람.

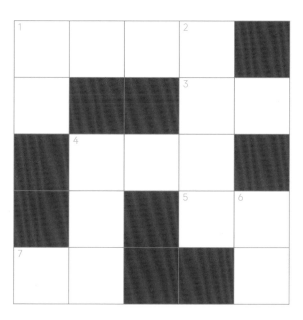

Q3

가로

1. 작은 것을 욕심내다가 큰 것을 잃음을 이르는 사자성어.
3. 기숙사에서 학생들의 생활을 지도하고 감독하는 사람.
4. 국민의 권리와 의무에 관계있는 법 규범. 교통 ○○를 지키다.
6. 일부 고위직에 있는 사람에게 직속되어 있으면서 기밀문서나 사무를 맡아보는 직위. 수행○○.
8. 국가의 면허를 받아 처방에 따라서 약을 지어주는 사람.

세로

1. 마음에 느낀 바나 그 무엇을 가리키는 말. 수상 ○○을 발표하다.
2. 조선 중기와 후기에, 여러 가지 공물을 쌀로 통일하여 바치게 한 납세제도.
3. 겉으로는 비슷하나 속은 완전히 다름을 나타냄. ○○○ 종교.
5. 조선 정조 때 설치한 왕실 도서관.
7. 맹세하고 약속함을 뜻하는 말.

	1		2	
3				
			4	5
6	7			
	8			

Q4

가로

1. '바람 앞의 등불'이란 뜻으로, 매우 위태한 처지에 놓여있음을 가리키는 사자성어.

3. 어떤 사건이나 문제가 서로 계속해서 다툴만한 중요한 사항이 됨.

4. 타카하시 루미코 작가가 그린 만화의 주인공. 1987년부터 연재가 되었고 일본의 대표적인 러브 코미디 만화다.

6. 파리목 ○○과에 곤충을 총칭하여 부르는 말로 특히 여름에 피를 빨아먹어 누구나 싫어하는 곤충이다.

세로

1. 풍속이나 기율이 바로 서지 못하고 대단히 어지러움을 나타내는 말.

2. 무슨 일을 하는 데에 있어서 가장 중요한 부분을 완성함을 비유적으로 이르는 말로 고사에서 유래하였다.

5. 마찰된 부분이 닳아서 없어짐.

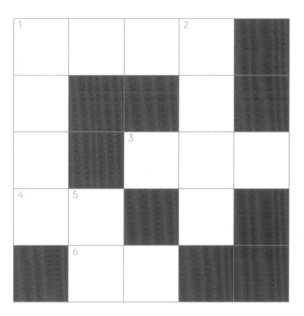

Q5

가
로

1. 운동회 때 빠지지 않는 것으로, '계주'와 같은 말.

4. 남의 물건을 훔치거나 빼앗는 따위의 나쁜 짓을 하는 사람.

5. 의료시설이 없는 외딴 섬을 돌며 주민을 진찰하거나 치료하는 용도로 쓰이는 배.

6. 마음의 열을 풀어주고 안정시키는 데 사용하는 환약.

세
로

1. 마라도로부터 남서쪽으로 149킬로미터 떨어진 지점에 있는 수중 암초. 2003년 해양과학기지가 설치되었으며 '파랑도'라고도 불린다.

2. 중국 남북조시대에 중국 선종을 창시한 인물. 당시의 불교와는 정반대인 좌선을 통하여 사상을 실천하는 새로운 불교를 강조했다.

3. 중국 은나라에 살았던 기자가 고조선에 망명하여 세웠다는 나라. 현재 학계에서는 그 실재를 부정하고 있다.

5. 병을 높여 이르는 말.

1		2		3
	■		■	
4		■	■	
■	■	5		
6			■	■

가로

1. 아프리카와 유럽 사이에 있는 바다.

3. 건강을 위해 온몸을 드러내고 햇볕을 쬐는 일.

5. 조선 시대, 과거의 예비 시험인 소과의 복시에 합격한 사람에게 주는 칭호. 또는 합격한 사람.

7. 적어서 나타냄. 또는 그 기록.

8. 자신이나 자신과 관련된 것을 스스로 자랑하여 뽐내는 마음.

세로

1. 일이 매우 더디어서 잘 진척되지 않는 상태를 뜻하는 말.

2. 해상의 기상 변화 혹은 해저의 지각 변동으로 인한 형상. 갑자기 파도가 크게 일어나 바닷물이 육지로 밀려들어오는 것을 일컫는 말.

4. 토할 듯 메스꺼운 느낌.

6. 고양잇과의 포유류. 백수의 왕이라 불리는 동물로 초원에서 작은 무리를 지어 산다.

7. 유권자의 마음을 비유적으로 나타내는 말.

1		2		
		3		4
5	6		7	
	8			

Q7

가로

1. 산과 바다에서 나는 온갖 진귀한 것으로 차린, 맛좋은 음식을 이르는 말.

3. 사람들 입에 오르내려 전해지는 말.

5. 국가 소유의 땅을 일컫는 말.

7. 자기 나라를 떠나 타국으로 이주하는 일.

8. 물고기의 잔뼈를 이르는 말. 잔○○.

세로

1. 석유가 생산되는 나라.

2. 소리 없이 빙긋이 웃음. 또는 그런 웃음.

4. 찾아오는 사람이 많아 집의 문 앞이 시장처럼 어수선함을 이르는 말.

6. 목축을 업으로 삼아 물과 풀을 따라 옮겨 다니는 사람을 일컫는 말.

1			2	■
	■	■	3	4
5	6		■	
■		■	■	
7		■	8	

Q8

가로

1. 시시때때로 정세에 따라서 유리한 쪽으로 행동하는 사람.

3. 피부 위에 좁쌀만 하게 돋은 반질반질한 군살.

5. 풍성하게 잘 차린 음식.

6. 두 눈썹의 사이를 이르는 말.

세로

1. 국방 관련 기밀 보안 업무를 수행하는 국방부 직할 정보기관을 줄여 이르는 말.

2. 자기가 한 일을 스스로 자랑함을 이르는 말.

4. 말을 기르는 곳.

5. 기독교의 경전을 가리키는 말.

1				2
3	4			
			5	
6				

이어도

대한민국 해상에서 항상 주의가 집중되는 곳은 독도이다. 그러나 독도에 못지않게 중요한 곳이 바로 이곳 이어도다. 이어도는 국제해양법상 논란의 여지가 없는 암초다.

이어도의 정확한 위치는 북위 32° 07' 22.63", 동경 125° 10' 56.81"에 위치한다. 거리로 따지면 마라도에서 서남쪽으로 149km(80해리) 떨어진 곳으로 동중국해 해저에 있다. 중국의 유인도 서산다오(蛇山島)에서 동쪽으로 287km, 일본의 도리시마에서 서쪽으로 276km가 떨어져 있다.

사실 이어도가 영토 분쟁 지역은 될 수가 없으나 배타적 경제수역(EEZ)의 설정을 함에 있어서 중요한 부분이 될 수 있어 매우 중요하다. 실제로 한국과 중국은 영토 분쟁이 아니라고 합의한 상태이다. 다만, "중국이 이어도 거리까지 자국의 EEZ를 확대하려 한다!"라고 이해하는 편이 옳으나 국제분쟁이라는 것이 언제 어떻게 바뀔지 모른다는 점에서 긴장을 늦출 수 없는 것이다.

특히 지금까지 중국의 행태로 보아서 힘의 논리로 이 문제를 끌고 갈 수도 있다. 다행스럽게도 신의 한 수가 된 부분이 대한민국이 이어도에 "해양과학기지"를 준공하여 운영한 부분이 되겠다. 1995년 착공을 하여 2003년 6월 10일 완공을 하였다. 현재, 이어도 주변 해상에는 제주·서귀포 해경 소속 대형 함정들이 항상 경비를 서고 있다. 이것은 원양에서 벌어지는 해상 사고에 신속히 대응하기 위한 목적이지만 이어도 주변이나 한중 중간수역에서 중국 군함과 대치하는 일이 곧잘 벌어지기 때문이기도 하다.

여담이지만, 이어도 기지에는 휴대전화 기지국이 설치되어 운영되고 있다. SK텔레콤이 5세대 이동통신 기지국을 설치하여 운영 중인데 의외로 하루에 약 3만 통을 처리할 정도로 북적이는 곳이라고 한다. 제주도 남쪽 바다에서 조업하는 어선들이 통화가 필요할 때, 이어도 근처로 와서 통화를 하는 식으로 사용한다고 한다. 마찬가지로 해양경찰도 근처에 오면 사용하고 중국 어선을 비롯한 해외 선박들도 지나가면서 로밍을 걸어서 사용하기도 한다.

그 밖의 사항으로 제주도에는 이어도에 관한 전설이 제법 많이 전승되고 있다. 이것은 오래전부터 이어도의 존재를 알고 있었다는 것을 의미하겠다.

(참고 1) 이어도의 위치

(참고 2) 이어도 해양 과학 기지의 모습

2단계

6 x 6

1. 도로상에서 어느 곳까지의 거리와 방향을 알려주는 표지.

3. 우편이나 전보 따위의 것을 받음. 또는 그런 일.

5. 정치에서 대립되는 위치에 있는 사람.

6. 대한민국의 가수이자 싱어송라이터. 대중가요 역사의 산증인이자 가왕(歌王)이라고 불린다. 1968년 미8군 기타리스트 겸 가수로 출발하였고 대표곡으로는 "돌아와요 부산항에", "창밖의 여자", "그 겨울의 찻집" 등이 있다.

7. 원래의 값에 얼마를 더하는 것.

8. 방자하고 교만하여 다른 사람을 업신여김을 이르는 사자성어.

2. 기한이 일정하게 정하여져 있는 것.

4. 공이 있는 사람에게는 상을 주고, 죄가 있는 사람에게는 반드시 벌을 준다는 뜻의 말.

5. 당면한 정치적 목적을 실현하기 위해서 해결해야 하는 문제.

6. 극장에서 오전에 일찍 입장하는 사람들에게 입장 요금을 조금 깎아주는 일. 혹은 깎인 요금.

1	2			3	4
5			6		
			7		
8					

가로

1. 사무를 보는 방.

3. 혼자서 사는 것.

4. 인도양의 모리셔스섬에 서식했었던 새로 날지를 못하였다. 칠면조보다 좀 크고 청회색의 깃털을 가지고 있었다. 1681년에 멸종되었다고 전해진다.

5. 전라북도의 남쪽 중앙에 있는 시. 호남평야와 노령산맥을 끼고 있어 농업 및 농산물 제조업 따위가 발달하였다. 1995년 1월 행정 구역 개편으로 정주시와 ○○군이 통합되면서 신설되었다.

7. 사람을 어리석게 보고서 함부로 대하거나 웃음거리로 만듦.

9. 위관 장교의 세 계급 중에서 제일 아래 계급.

11. 규칙이나 규정 따위를 어김.

세로

1. 모든 일은 반드시 바른길로 돌아간다는 사자성어.

2. 인천광역시 중구에 있는 무인도. 섬 이름으로 영화가 제작되기도 하였다.

3. 독도 근해에서 서식하고 있는 새우 3종을 통틀어 부른다. 하지만 실제로는 동해뿐만 아니라 러시아, 캐나다에서도 잡힌다.

6. 눈물을 흘리며 간절하게 하소연함.

8. 길이가 무릎 부분 남짓하게 내려오는 긴 외투.

10. 법률, 명령, 약속 따위를 지키지 않고 어김.

1		2		3	
		4			
5	6			7	8
	9	10			
		11			

가로

1. 세계 최초의 파운드리 기업 TSMC를 1987년 2월 21일 창업했고 회장을 역임했다. 중화민국 반도체의 아버지로 불린다.
3. 우리나라의 대표적인 봄꽃 중 하나이며 노래나 시에도 자주 등장한다. 4월에 분홍색 꽃이 잎보다 먼저 가지 끝에 피어나고 열매는 삭과로 10월에 익는다.
5. 종이와 붓 그리고 먹을 아울러 이르는 말.
6. 경치가 빼어나게 아름다운 곳.
8. 축하나 애도를 표하고자 생화나 조화로 적당한 모양을 만들어서 전달하는 물건.
10. 중국 남송의 무장(1103~1141). 금나라에 대하여 주전론을 펴다 주화파와의 갈등으로 옥사하였다. 한족의 영웅으로 숭상받는 사람이다.

세로

1. 잉엇과의 민물고기. 몸의 길이는 15cm 정도이며, 은백색을 띤다. 등과 옆구리에 엷은 황갈색의 반점이 있고 배는 희다. 머리가 크고 입가에 한 쌍의 수염이 있다. 강의 모랫바닥에 사는 것이 특징이다.
2. 창문의 가장자리 혹은 창문과 가까운 곳.
3. 비가 섞여 내리는 눈.
4. 채색하지 않고 먹으로 짙고 엷음을 나타내며 그린 그림.
7. 소스라치게 깜짝 놀람.
9. 실제로 나지 않는 소리가 마치 들리는 것처럼 느껴지는 현상.

		1			2
3					
				4	
		5			
6	7			8	9
	10				

가로

1. 나라의 권위나 위세를 널리 떨치게 함.
4. 형상과 빛깔 따위가 서로 다른 여러 가지.
5. 책을 갖추어 놓고 파는 가게.
7. 유물과 유적을 통하여 과거 사람들의 생활, 문화 따위를 연구하는 학문.

세로

1. 교육부가 저작권을 가지고 편찬하는 교과서.
2. 문이 양쪽으로 달려 있는 냉장고.
3. 다섯 방위를 상징하는 색. 동쪽은 청색, 서쪽은 흰색, 남쪽은 적색, 북쪽은 흑색, 가운데는 황색.
6. 가게의 주인.

1			2		3
		4			
5	6				
			7		

Q5

가로

1. 조선 후기의 풍속화가(1758~?). 호는 혜원(蕙園)이고 기녀, 무속, 술집을 소재로 한 풍속화를 많이 그렸다. 대표 작품으로 〈미인도〉가 있다.
3. 어떤 시스템이나 사회 전체의 이익이 일정하여 한쪽이 득을 보면 반드시 다른 한쪽이 실을 보는 상태.
6. 옥살이를 하는 고생.
7. 닭이나 오리 따위를 어리나 장에 넣어서 가고 다니며 파는 사람.

세로

1. 거듭하여 간곡히 하는 당부.
2. 국민의 복지 증진을 목표로 만들어진 제도로 사회적, 제도적 노력을 통틀어 일컫는 말이다.
4. 가냘프고 고운 여자의 손을 표현하는 말.
5. 원래의 말보다 간략하게 일부를 줄여서 만들어진다. 보통 두 단어 이상으로 이루어진 표현을 각 단어에서 한 음절씩 뽑아 새로운 단어로 만들어 낸다.

가로

1. 2024년 노벨문학상 수상자.
2. 도체(導體)가 자기장에서 운동할 때 전기가 발생하는 것을 이용하여, 역학적 에너지를 전기 에너지로 바꾸는 장치를 이르는 말. 수력 터빈 · 증기 터빈 · 디젤 기관 따위의 원동기의 운동에너지를 전력으로 만드는 기계.
4. 자손의 여러 대(代).
7. 영리를 목적으로 하지 않고 개인 또는 개인의 가정에서 사용하는 자동차.
8. 어떤 일을 꾀하고 의논하는 것.
9. 충북 보은군 내속리면 사내리 속리산에 있는 절. 신라 진흥왕 14년(553)에 창건하였다. 쌍사자 석등, 석련지, 팔상전 따위의 국보가 있다.

세로

1. 중국 춘추 시대 말기의 한비가 지은 책.
3. 어떤 자원이나 재화를 이용하여 생산이나 소비를 하였을 경우, 다른 것을 생산하거나 소비했다면 얻을 수 있었던 잠재적 이익. 어떤 일을 한 결과 때문에 포기된 이익을 말한다.
5. 도덕적 현상을 인간의 본능, 욕망, 소질 따위의 자연적 요소에 근거하여 설명하려는 경향. 도덕적 이상을 자연에 일치하는 생활에 있다고 주장한다.
6. 중국 오나라의 손무가 편찬한 병법서. 무경칠서의 하나로 전략, 전술의 법칙과 준거를 상세하게 설명하고 전쟁 체험을 집대성한 것으로, 간결한 명문으로 유명한 책.

1		■	2		3
	■	■	■	■	
4	5		6		■
■		■	7		
■		■		■	■
8		■	9		

가로

1. 대한민국의 제19대 대통령.
3. 자기의 마음을 반성하고 살핌.
5. 주식이나 어떤 물건을 매매 대상으로 하기 위하여 해당 거래소에 일정한 자격이
   나 조건을 갖춘 거래 대상으로서 등록하는 일.
7. 나룻배가 닿고 떠나는 일정한 장소.
9. 1980년부터 2002년까지 22년간 MBC에서 방송된 《전원일기》에서 김 회장의
   둘째 아들 김용식 역을 맡았다. 이명박 정부와 윤석열 정부에서 문화체육관광부
   장관으로 임명되었다.
11. 내용이 교훈적이거나 건전한 책.
12. 물건이 어떤 공간에서 차지하는 크기의 느낌.

세로

1. 훌륭한 문학 작품을 썼거나 문학 부문에 공적을 쌓은 사람에게 주는 상.
2. 사람의 성품을 이르는 말.
4. 어떤 일이나 사건이 일어나는 바로 그때.
6. 삼강오륜 중 오륜의 하나. 어른과 어린이 사이의 도리에는 엄격한 차례가 있고
   복종해야 할 질서가 있다는 말.
8. 집단의 구성원 가운데 가장 오랫동안 속해 있는 사람을 이르는 말.
10. 시골에 사는 남자 혹은 여자.

Q8

가로

1. 국민의 의사에 따라 만든 법으로 다스려지는 나라. 일반적으로 국민의 기본적 인권이 보장되고 권력 분립주의와 자유주의적 원리가 잘 지켜지는 나라.

4. 편지의 형식으로 적은 글.

5. 집안의 혈통을 이을 아이를 다른 여자가 대신 낳아 주는 일. 또는 그 일을 하는 여자.

7. 사리에 맞게 바르게 판단하고 일을 잘 처리해 내는 재주와 능력. ○○롭다.

8. 한 번에 여러 가지 일을 하려고, 이 일도 하고 저 일도 할 겸 해서.

세로

2. 미국의 작가 호손이 지은 소설. 17세기 식민지 시대의 미국 북부 뉴잉글랜드를 무대로 하여, 한 의사와 그의 아내 그리고 그녀와 간통한 목사를 중심으로 일어난 비극적 사건을 다룬 작품.

3. 거리의 미관과 국민 보건을 위하여 길을 따라 줄지어 심어놓은 나무.

4. 홀로 남은 어머니를 모시고 있는 처지.

6. 고려 시대의 문신이자 척신. 둘째 딸이 예종의 비가 된 후 외척으로 권력을 가지게 되었다. 인종이 즉위하자 셋째와 넷째 딸을 비로 삼게 하여 권세와 부귀를 누리며 전횡을 일삼다가 척준경에 의해 축출되어 귀양을 가서 죽게 되었다.

	1		2			3
	4					
			5		6	
	7					
		8				

모리스 창

모리스 창(영어: Morris Chang, 중국어: 張忠謀, 한자음: 장충모)은 대만에서 '반도체의 아버지'라고 불리는 사람이다. 현재 세계적인 기업으로 성장한 TSMC를 1987년 2월 21일 창업했고 회장을 역임했다.

그는 부유한 집안에서 태어났으나 국공내전과 중일전쟁 등을 피해서 중국의 여러 도시를 전전하며 살다가, 홍콩을 거쳐 미국으로 이민을 갔다. 1949년 하버드 대학에 입학한 뒤, 작가를 꿈꾸었으나 가족을 부양해야 하는 현실적 이유로 진로를 바꾸어 엔지니어가 되기로 결심하게 되었다. MIT로 편입하여 기계공학 학사(1952년), 석사(1953년) 학위를 받았다.

실바니아 일렉트로룩스와 텍사스 인스트루먼트(TI), 제너럴 인스트루먼트(GI)에서 일을 하였으며 출중한 실력으로 승승장구하였다. 특히 TI에서는 20년간 근무하며 그룹 전체 부사장 자리까지 올랐다.

1985년 중화민국 정부로부터 대만 산업기술연구원(ITRI) 원장직 제안을 받았다. 이후 그는 중화민국의 산업 구조가 반도체 파운드리 사업이라는 새로운 사업 모델에 적합하다고 생각하고 1987년 2월 56세의 나이에 TSMC(타이완 반도체 제조회사)를 창업했다. 이후 브로드컴, 마벨, 엔비디아 등의 업체가 TSMC에 반도체 주문 제작을 의뢰하기 시작했다.

2005년 74세에 고령을 이유로 은퇴했다. 하지만 2009년 금융 위기로 인해 매출이 급락하자 다시 회사에 복직했다. 복귀 이후 그는 투자 확대 전략을 통해 TSMC를 성공 궤도에 안착시켰고 2018년 87세의 나이로 다시, 은퇴하였다.

참고로 TSMC는 파운드리 업계 선두 기업으로 자리매김했다. 2023년 1분기 기준 점유율은 59%로 압도적인 1위이다. 2위 삼성 파운드리 13%, 3위 글로벌파운드리 7%와 현격한 차이를 보이며 당분간 세계 반도체의 흐름을 주도할 것으로 보인다.

여담이지만 1989년 이건희 삼성전자 회장이 중화민국에서 가진 만남 자리에서 모리스 창에게 영입 제안을 했다고 전해진다. 그리고 2013년 모리스 창은 젠슨 황 엔비디아 최고경영자를 자신의 후계자로 영입하려 했지만 실패했다고 한다. 만약 그때 이 제안들이 성사되었다면, 반도체 업계의 역사가 바뀌었을 수도 있다.

(참고 1) 모리스 창

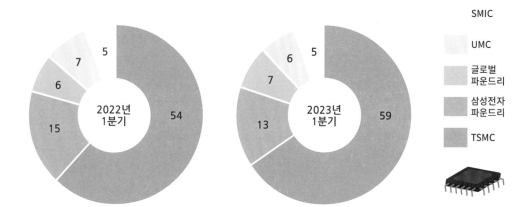

(참고 2) TSMC, 삼성전자 반도체 파운드리 점유율 (단위 : %)

3단계

7 x 7

Q1

가로

1. 어떤 자리나 모임에 방문해달라는 뜻을 적어서 보내는 편지.
2. 숨이 끊어질 때의 모진 고통.
4. 음력 정월 대보름날, 저녁에 산이나 들에 나가 달이 뜨기를 기다려서 맞이하는 일.
6. 고래를 잡기 위한 설비를 갖춘 배.
7. 아미타불에 돌아가 의지한다는 뜻으로, 염불할 때 외는 소리.
10. 무역이나 상업적인 활동을 위하여 조직된 통상 회사.

세로

1. 음력으로 그달 초하루부터 처음 며칠 동안 뜨는 달.
2. 목이 짧고 배가 부른 작은 항아리.
3. 제1차 세계대전 후에 프랑스가 독일 방어선을 지키기 위해 국경에 만든 요새선. 당시 육군 장관 마지노가 건의하여 1936년 완성되었다.
5. 수도는 로마. 유럽 남부의 지중해에 돌출한 반도와 그 부근의 섬으로 이루어진 공화국. 북쪽으로 알프스 산맥을 접하고 있다.
8. 여자 무당.
9. 부처의 형상을 표현한 조각상

1				2		3
4		5				
				6		
7	8				9	
					10	

가로

1. 국민의 안전과 생명을 지키고 신체와 재산을 보호하며, 범죄의 예방, 진압, 수사를 통해 공공의 안녕과 질서유지를 그 직무로 하는 공무원.

3. 보면서 즐기기 위해 심고 가꾸는 나무.

5. 고생을 하면서 부지런하고 꾸준하게 공부하는 자세를 이르는 말로 반딧불, 눈과 함께하는 노력이라는 뜻의 사자성어.

6. 타지방이나 타국에 가서 그곳의 풍경, 풍습, 문물 따위를 구경함.

7. 대포를 쏠 때 나는 소리.

8. 가지고 있음.

10. 원양어선을 타는 선원.

12. 농경지, 주택 등으로 사용하는 지면.

13. 통신업체끼리 서로의 통신망에 접속할 수 있도록 하는 일.

세로

2. 관중과 포숙의 사귐이란 뜻. 우정이 매우 두터운 친구 관계를 가리키는 사자성어.

3. 중국 삼국 시대 촉한의 무장. 유비를 도와 촉한을 세우는 데 큰 공을 세웠다. 우리 나라에도 ○○를 모신 사당이 있다.

4. 귀중한 것뿐 아니라 쓸데없는 것까지 무엇이든 모으려고 하는 병적인 버릇. 또는 그런 버릇을 가지고 있는 사람.

5. '교도소'의 전 용어.

6. 물체가 외부의 힘을 받지 않는 한 정지 또는 등속도 운동을 지속하려는 성질. 보통 질량이 클수록 물체의 ○○이 크다.

7. 물체가 반원 모양을 그리며 날아가는 선.

9. 돌아다니며 구경하거나 놀기 위하여 여러 가지 설비를 갖추어 놓은 곳.

11. 한 가지 일에 오래 종사하여 경험과 공로가 많은 사람.

1		2		3		4
5				6		
				7		
8	9					
	10				11	
12					13	

가로

1. 사실보다 과장하여 터무니없는 헛된 생각을 하는 증상.

4. 먹으면 착한 것과 나쁜 것을 알게 된다는 나무의 열매. 아담과 하와가 뱀의 유혹에 빠져 하나님의 계율을 어기고 따 먹음으로써 원죄를 범했다고 한다.

5. 석회암이 높은 온도와 센 압력을 받아 변질된 돌. 고대로부터 성전이나 왕궁의 바닥, 기둥, 장식물 등에 많이 사용되었던 아름다운 돌이다.

7. 전쟁에서 직접 전투가 벌어지는 지역이나 그런 지역을 가상으로 연결한 선.

8. 이탈리아의 수도.

10. 경고를 하기 위한 글.

11. 한 무리의 우두머리.

13. 수원시와 의왕시의 경계 지점에 위치한 고개. 지명의 유래는 정조가 사도세자 능을 참배하고 돌아갈 때 사모하는 마음이 간절하여 이곳에서 한참 지체하였던 데서 비롯되었다고 한다.

세로

2. 정조를 지키던 아내가 멀리 떠난 남편을 기다리다 그대로 죽어서 돌이 되었다는 이야기에 나오는 전설적인 돌.

3. 지난날의 잘못이나 허물을 고쳐 올바르고 착하게 됨을 이르는 말.

5. 고구려 때의 십사 관등 가운데 첫째 등급. 전체적인 국사를 관리하였다.

6. 지방에서 서울로 감.

7. 중견 직업인을 양성하기 위해 전문적인 이론과 기술을 교수·연구하는 고등교육기관. 전문대학과 같은 말.

9. 빛이 누렇고 질이 낮은 종이의 하나. 주로 짚을 원료로 하여 만들었다.

12. 어떤 장소에서 겉으로 드러난 면이나 벌어진 광경. 추억 속의 한 ○○.

¹		²		■	■	³
■	■		■	⁴		
⁵			■	■	■	
	■	■	⁶	■	⁷	
⁸	⁹	■	¹⁰			■
■		■	■	■	¹¹	¹²
¹³					■	

가로

1. 곡식이나 약재 따위를 가루로 만드는 일을 전문적으로 하는 곳.

3. 신라 선덕여왕 때 세운 천문 기상 관측대. 경상북도 경주에 있다.

4. 강원도 인제군에 있는 절. 신라 진덕여왕 1년에 자장이 창건하였다. 전두환이 머물던 곳으로 유명한 절.

6. 국가 방위에 쓰는 군수품을 생산하는 모든 산업.

8. 인간의 생활에 해를 끼치는 벌레를 없애는 데 쓰는 약.

10. 힘을 내도록 격려하여 용기를 북돋움.

11. 자기 나라의 고유한 전통, 정치, 문화 등이 가장 뛰어난 것으로 믿고, 다른 나라나 민족을 배척하는 극단적인 태도나 경향.

세로

1. 춘추전국시대의 여러 학파를 통칭하는 말.

2. 성안으로 들어감을 뜻하는 말.

3. 기술 집약도가 높고 관련 산업에 미치는 효과가 큰 산업. 항공기, 우주 개발, 전자, 원자력, 컴퓨터 등의 기술을 중핵으로 하는 산업을 말한다.

5. 세속오계의 하나. 충성으로써 임금을 섬긴다는 뜻.

7. 고대 중국에서 천체의 운행과 위치를 관측하던 장치. 지평선을 나타내는 둥근 고리와 지평선에 직각으로 교차하는 자오선을 나타내는 둥근 고리, 하늘의 적도와 위도 따위를 나타내는 눈금이 달린 원형의 고리를 맞추어 놓은 장치.

8. 바다 위에 끼는 안개.

9. 황제가 다스리는 나라.

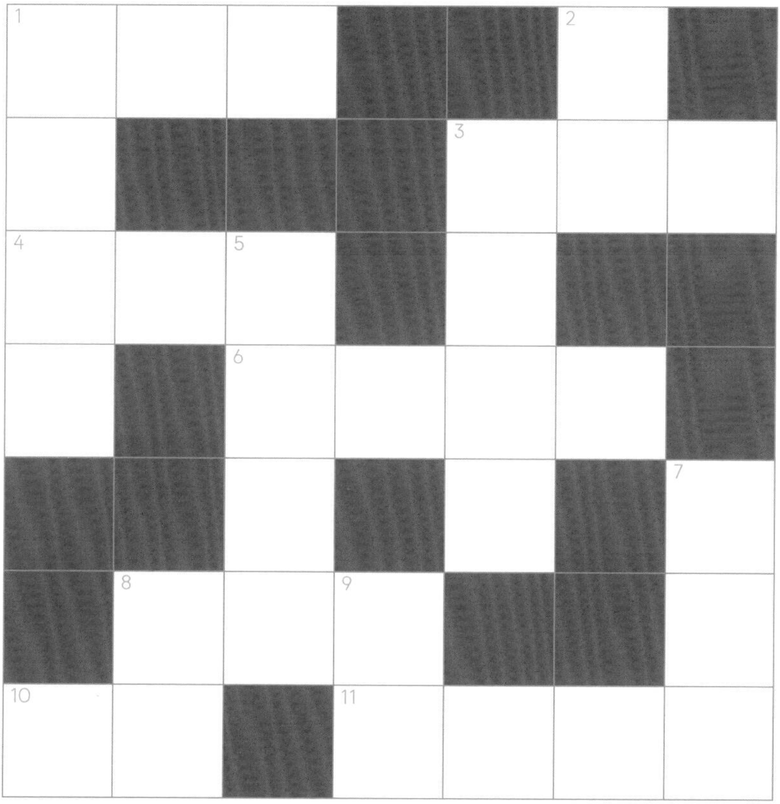
1
2
3
4
5
6
7
8
9
10
11

가로

1. 유럽 발칸 반도 동부에 있는 공화국. 터키의 지배하에 있다가 1908년에 완전히 독립하였다.

3. 어떤 상품을 만들거나 파는 사람에게 그 상품의 생산이나 수송, 또는 서비스의 제공을 요구하는 것.

4. 소설이나 드라마, 영화 등에서 가장 중심인 인물.

5. 몹시 화가 나거나 억울하여 마음이 쓰리고 아픔. 또는 그 마음.

7. 해결되지 않은 일 때문에 애태우거나 우울해함.

8. 기고한 글을 싣지 않고 버림.

9. 차의 주인을 대신하여 하는 운전. 일반적으로 음주를 한 경우 ○○○○을 부른다.

11. 적을 하나하나 나누어 물리침을 일컫는 말.

세로

1. 나눌 수가 없음. ○○○의 관계.

2. 다른 말로 피마자. 대극과의 한해살이풀이다. 원산지는 아프리카로 전 세계의 열대와 온대 지역에서 널리 재배된다.

3. ○○아파트. 70~80년대 저소득층의 주거환경 개선을 목적으로 대한주택공사에서 건설·보급했다.

6. 어떤 사실을 알리기 위해 보내는 문서.

7. 중국 명나라 때의 장편소설《서유기》에서 손오공이 타고 다녔다는 신비한 구름.

8. 지각이 전혀 없음.

9. 우리나라 음식에 많이 쓰이는 향신 채소. 파의 하나로 뿌리부터 잎, 줄기까지 버릴 것 하나 없이 활용도가 높다.

10. 한 분야를 전문적으로 연구함. 또는 그 분야.

1			2		3	
			4			
5	6					
				7		
8						
			9		10	
11						

Q6

가로

1. 명성이나 명예가 헛되이 퍼진 것이 아니라는 뜻. 이름날 만한 이유가 있음을 이르는 말.

3. 국가나 지방 공공단체가 공중의 보건, 휴양, 놀이 따위를 위하여 마련한 정원.

4. 어떤 계기가 있어 기존의 마음가짐을 버리고 완전히 달라짐을 뜻하는 말.

6. 역량이나 능력이 부족한 사람의 뒤를 돌보아 주는 것.

8. 어떤 일의 까닭이나 형편.

9. 차표나 입장권 따위의 표를 파는 곳.

11. 서로 다른 생물이 함께 생활하며, 한쪽이 이익을 얻고 다른 쪽이 해를 입고 있는 일. 또는 그런 생활 형태.

12. 주기적인 수축을 통해 혈액을 몸 전체로 보내는, 순환 계통의 중심적인 근육 기관.

13. 경상북도에 속하는 화산섬. 특산품으로 오징어와 호박엿이 유명하다.

세로

1. 조선의 26대 왕이자 대한제국의 초대 황제인 고종의 왕비.

2. 허영이 꽉 찬 마음 상태.

3. 항공기끼리 공중에서 벌이는 전투.

5. 백성들의 재물을 갈취하는 탐관오리들의 재물을 빼앗아 그 자리에 매화나무 그림을 두고 사라졌다는 중국 소설 속의 가공인물. 우리나라에서도 ○○○를 주인공으로 삼은 드라마나 만화 등이 나왔었다.

7. 눈앞에 어떤 물건을 보게 되면 그것을 가지고 싶은 욕심이 생김.

10. 전라남도 고흥군 도양읍에 속하는 섬. 한센병 환우의 아픔이 서린 작고 아름다운 섬.

1		2			3	
		4		5		
6	7					
	8			9		10
11						
	12			13		

Q7

가로

1. 언어를 표기하는 규칙. 한글 ○○○.

3. 볏과의 한해살이풀로, 타원형의 암갈색 열매를 말려 가루로 만든 후 끓인 물에 타서 마시는 차. ○○○는 임신 가능성을 향상하고 변비에 효과적이며 피부미용에도 도움을 준다.

5. 독립운동가이자 의열단 단원. 1926년 12월 28일에 동양척식주식회사와 식산은행에 폭탄을 던지고 자결하였다.

6. 아무것도 적지 않은 비어 있는 종이.

7. 일정한 자격을 가지고 병을 고치는 것을 업으로 삼은 사람.

9. 사람이 살지 않는 섬.

10. 행동 따위를 넌지시 살핌.

13. 자기 자신의 이익만을 꾀하고 사회 일반의 이익은 염두에 두지 않는 태도.

세로

2. 근대 입헌국가의 정치 원리로 법에 따른 지배를 의미한다. 반드시 국민의 대표기관인 의회에서 제정한 법률로 나라가 운영되며, 행정과 사법도 법률에 근거해 실행된다.

3. 종교적, 사회적, 도덕적 생활과 행동에 관하여 신의 이름으로 규정한 규범.

4. 버스회사나 택시회사들이 차량을 보관하는 장소.

5. 목칠공예의 장식기법 중 하나. 광채가 나는 자개 조각을 여러 모양으로 박아 넣거나 붙이는 기법 혹은 그 기법으로 만들어진 공예품.

6. 인천광역시 옹진군에 속하는 섬. 우리나라 서북쪽 가장 끝부분에 있는 외딴섬으로 군사적 요충지이기도 하다.

8. 일본 봉건 시대의 무사.

11. 찹쌀 따위의 차진 곡식으로 만든 떡.

12. 염습할 때 송장에 입히는 옷..

1		2	▓	3		4
▓	▓		▓		▓	
5			▓	▓	6	
	▓	7	8	▓		▓
	▓	▓	9			▓
10	11	▓		▓	▓	12
▓		▓	13			

가로

1. 여행할 때 전문 숙박업소에서 묵지 않고 일반 가정집에서 묵음. 또는 그런 집.

4. 받을 돈을 거두어들임. 또는 그런 돈.

6. 팔짱을 끼고 보고만 있다는 뜻. 간섭하거나 거들지 않고 그대로 버려둠을 이르는 말.

8. 포유류의 젖 속에 들어 있는 이당류.

9. 법화삼부경의 하나로 묘법연화경을 이르는 말. 모든 불교 경전 가운데 가장 존귀하게 여겨진다.

12. 전쟁 중 적에게서 빼앗은 물품.

15. 처리할 문서나 금품 따위를 받았음을 증명하는 표.

16. 두 사람이 맞서 격투를 벌여 승패를 가리는 경기. 유도, 씨름, 권투, 레슬링 따위가 있다.

세로

2. 남자 무당의 다른 말.

3. 둘 이상의 나라가 하나로 합쳐지거나 합침을 일컫는 말.

5. 아교풀에 금박을 풀어서 쓴 불교의 경전.

7. 사회생활에서 습관이나 관행이 굳어져 법의 효력을 갖게 된 것.

8. 주의나 흥미를 일으켜 꾀어내는 것.

10. 신라 때의 청소년 민간 수양 단체. 심신을 단련시켜서 나라에 이바지할 인재를 선발할 목적으로 문벌과 학식이 있고 외모가 단정한 사람을 모아 조직하였다.

11. 자기 의지와는 상관없이 손이 떨리는 증상.

13. 사물 따위에서 느껴지는 품위

14. 한 사람이 태어나서부터 죽을 때까지의 행적을 적은 기록.

¹	²		³		⁴	⁵
	⁶			⁷		
⁸				⁹	¹⁰	
		¹¹				
		¹²		¹³		¹⁴
¹⁵				¹⁶		

마지노선이라는 말의 유래

* 유래

우리는 마지노선이라는 말을 가끔 사용한다. "마지노"와 "마지막"이라는 어감의 유사성 때문인지 아니면 마지노선이 2차세계대전 당시 프랑스가 독일의 침공에 방어하고자 만든 방어선이라는 것에서 착안이 되어 "마지막 방어선", "넘어서는 안되는 선", "넘지 못하는 선" 등의 뜻으로 사용되는 것인지는 모르겠다. 다만 실제로 마지노선은 전쟁에서 제 역할을 하지 못했다. 그러므로 우리나라에서 마지노선이라는 단어가 현재의 뜻으로 사용되는 것은 잘못된 사용일 수 있을 것이다.

* 역사

마지노선(프랑스어: Ligne Maginot)은 마지노 요새라고도 불린다. 1926년에 프랑스 의회에서 통과가 되어 건설되었다. 당시 프랑스 전쟁부 장관 앙드레 마지노의 이름에서 유래가 되어 마지노선이라고 명명되었고 공사비는 총 160억 프랑이 들었다고 전해진다.

1차세계대전 당시 끊임없는 참호전을 겪었던 기억으로 역사적 트라우마를 가진 프랑스는 전쟁에서 효율적으로 방어하고자 하였다. 단순한 방어진지가 아니라 자급자족이 가능할 정도의 도시처럼 요새를 만들었다고 보면 되겠다.

프랑스와 독일이 직접 맞대고 있는 국경 일대 350킬로미터의 방어선에 독립적으로 작전을 펼칠 수 있는 142개의 요새, 352개의 포대, 5,000여 개가 넘는 벙커가 촘촘히 설치되었다. 당시 경제 상황이 매우 좋지 않았음을 고려한다면 이 요새의 건설로 다른 국방력 확충에도 상당히 걸림돌이 되었을 것으로 보인다.

하지만 전쟁이 시작되자 정작 독일은 예상을 깬 움직임을 보였다. 1940년 5월 10일 전혀 예상하지도 못한 마지노선의 북쪽 끝인 아르덴고원 지대를 통해 침공했다. 대규모 기갑부대를 이용해 연합군 주력부대를 일거에 포위하는 기동전을 선보였다. 그 덕에 마지노선은 제 역할을 한 번도 수행하지 못하게 되었고 프랑스는 다시 독일군에게 점령을 당하는 치욕을 겪게 되었다.

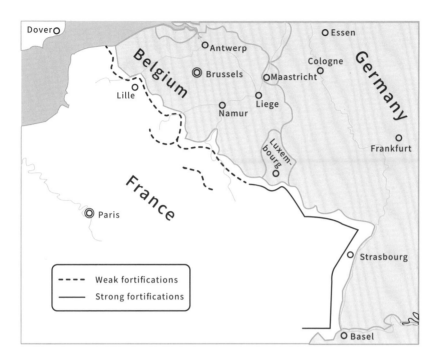

▲ (참고 1) 마지노선의 배치표

◀ (참고 2) 앙드레 마지노

4단계

8 x 8

Q1

가로

1. 물품과 금액의 내용을 분명하고 자세하게 적은 문서.

4. 높은 곳에서 아래로 향하여 내려옴.

5. 서울특별시 서대문구에 있는 돌문. 서재필을 중심으로 한 독립협회가 우리나라의 영구 독립을 선언하기 위하여 국민헌금으로 영은문을 헐고 그 자리에 세운 문이다. 1897년에 완공하였고 1979년 지금의 위치로 옮겼다.

6. 기이한 물건.

8. 물질적인 것과 정신적인 것의 두 방면.

10. 천지 만물을 창조한 유일신 하나님을 믿고, 그 독생자 예수 그리스도를 구세주로 생각하는 종교. 그리스 정교회, 가톨릭교(구교)와 신교로 분리되어 현재 세 교회로 나뉘어 있다. 우리나라에서는 특히 신교를 ○○○라고 한다.

11. 조선 시대에, 내시부에 속하며 임금의 시중을 들거나 숙직 따위의 일을 맡아보던 거세된 남자.

14. 문화의 산물. 정치, 경제, 종교, 예술 따위의 문화에 관한 모든 것을 통틀어 이르는 말.

15. 인천광역시 남동구 논현동에 있는 어항. 수도권의 대표적인 국가어항.

세로

1. 밝음과 어두움을 통틀어 이르는 말.

2. 중국 명나라 오승은이 지은 장편소설. 삼장법사, 손오공, 저팔계, 사오정이 함께 천축에 가서 불경을 가지고 돌아오기까지 있었던 일들을 그린 작품. 중국 4대기서 가운데 하나다.

3. 심한 독기.

4. 윗사람이 아랫사람에게 물음.

7. 돈으로 매매하지 않고 직접 물건과 물건을 바꾸는 일.

9. 끝에 솜을 말아 붙인 가느다란 막대. 약을 바를 때 따위에 쓰인다.

10. 기록된 문서, 책, 사진, 그림 따위를 통틀어 이르는 말.

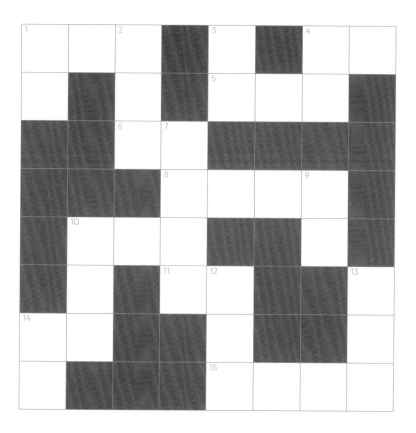

12. 특정한 일이나 사물, 시설 따위를 유지, 보완, 통제하는 업무를 맡아서 하는 곳.

13. 농사를 짓는 데 쓰는 도구.

14. 남의 죽음에 대하여 슬퍼하는 뜻을 드러내어 상주를 위문함.

가로

1. 고려 · 조선 시대에, 전쟁이 났을 때 군무를 통괄하던 임시 무관 벼슬.

3. 어떠한 기상 조건에도 제 기능을 다할 수 있음.

5. 유학을 공부하는 선비.

6. 조선 시대의 벼슬. 홍문관과 예문관의 으뜸 벼슬로 정이품에 해당한다.

8. 아내의 아버지를 이르는 말.

9. 불의에 대하여 일으키는 분노.

11. 정확한 법 명칭은 '부정 청탁 및 금품 등 수수의 금지에 관한 법률'이다. 2012년 이 법을 추진한 인물에 의해 ○○○○으로 널리 알려져 있다. 언론인, 교직원을 포함한 공직자가 직무 관련성과 상관없이 100만 원을 초과하는 금품을 수수하면 형사처벌을 받는 법을 말한다.

13. 떨치고 일어남.

15. 신라시대에 있었다고 전해지는 전설의 피리. 피리를 불면 나라의 모든 근심과 걱정이 해결된다고 한다.

17. 작은 스마트 전자 기기로 보통 종이 사전의 내용을 모아서 만들어진다.

세로

1. 의형제를 맺음을 이르는 말. 《삼국지연의》에서 유비, 관우, 장비가 도원에서 의형제를 맺은 데에서 유래한다.

2. 범인이나 용의자 등을 찾아서 조사하는 일을 맡은 부대.

3. 삼생의 하나. 현생 이전의 생애를 말한다.

4. 능력이 부족한 사람의 뒤를 돌보아 주는 인물.

5. 타향에서 공부함.

7. 죽은 사람에 대하여 애도의 뜻을 나타낸 글.

8. 제29회 베이징올림픽 역도 여자 75kg 이상급 금메달 수상자. 현재까지 우리나라 여성 역도 선수 중 올림픽에서 유일하게 금, 은, 동메달을 모두 따낸 선수이다.

10. 물을 안개처럼 뿜어내는 도구.

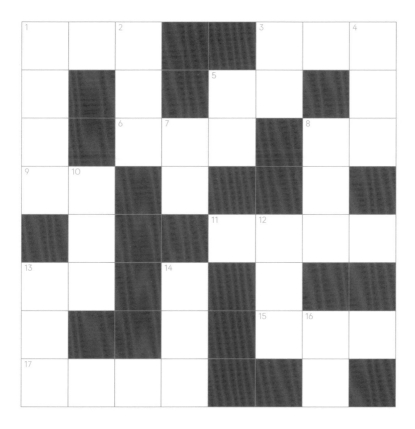

12. 경상북도 동해안 중앙에 있는 만으로 포항시를 안고 있다. 포항제철 공업지대가 있다.
13. 작자미상의 조선 후기 판소리계 소설. 흥부와 놀부라는 두 인물을 통해 형제간의 우애와 선악의 문제를 다루었다.
14. 생선, 김, 미역 따위의 어물을 전문으로 파는 가게.
16. 수시로 앞다리를 비비며 날아다니는 곤충. 대개 여름에 번식하여 집 안에 모여 드는데 전염병을 옮긴다. 전 세계에 분포한다.

가로

1. 인터넷 뱅킹이나 온라인 증권 거래, 인터넷 쇼핑, 전자 민원 서비스 따위를 이용할 때 본인임을 증명하기 위해 사용하는 디지털 신분증. 공인 인증 기관에서 발행해 준다.

5. 믿을 수 없을 정도로 매우 색다르고 놀라움.

7. 전쟁을 단일 주제로 하여 5천 년 민족사를 조망한 박물관으로 서울특별시 용산구 이태원로 29에 있는 사립 박물관이다.

9. 전쟁에서 진 나라가 상대편 나라에 끼친 손해를 갚아 주는 돈.

11. 금융 기관에서 융통하는 돈.

13. 야당과 야당을 지지하는 세력 안에 드는 사람이나 단체.

세로

2. 사람의 이름과 행적을 모아 이름 순서로 실은 사전.

3. 안부, 소식, 용무 따위를 적어 보내는 글.

4. 질병이나 재해 따위가 일어나기 전에 미리 대처하여 막아내는 일.

6. 기술을 보증하고 평가하여 기업의 기술 혁신 역량과 기술 금융을 지원하기 위해 1989년에 정부가 설립한 기술 금융 전문 기관.

8. 국가의 행정 기관이 민간 금융의 인사나 자금 운용에 직접적으로 개입하는 일.

9. 대한민국의 록 밴드 들국화의 리드 보컬이자 프론트맨. 대한민국 록 음악의 전설로 평가받는다.

10. 믿음이나 의리를 저버린 사람.

12. 자기 몸을 스스로 다치게 함.

Q4

가로

1. 아라비아반도 대부분을 차지하는 서남아시아에서 가장 큰 아랍국가.

4. 성질이 온순하고 새끼를 주머니에 넣어 키우다가 반년 정도 지나면 업어서 기른다. 나무 위에 사는데 오스트레일리아 동남부에 분포하고 있다.

5. 세계 3대 수학자 중 한 명으로 꼽힌다. 통상 ○○○라고 많이 불리지만, 본명은 요한 카를 프리드리히 ○○○다. 수학계 최고의 거장이지만 개인적인 삶이 평탄하지는 않았다. 가장 큰 업적은 그의 저서 ≪산술 연구≫에서 "정수론"을 혁신적으로 발전시킨 것이며 그 밖에도 수학적인 혹은 과학적인 업적이 매우 많다.

6. 천체의 인력에서 벗어나 우주로 날아갈 수 있는 최소 속도.

7. 수다스럽게 떠벌려 늘어놓는 말이나 행동.

8. 사용자가 화면을 터치하는 방식으로 명령이 실행되게 되어있는 접촉식 디스플레이 장치.

11. 몹시 혼남. 또는 그런 곤욕.

세로

2. 동유럽의 흑해 북쪽에 있는 공화국. 1991년 소련이 해체되면서 독립국이 되었다. 2024년 현재 러시아와 전쟁 중이다.

3. 고대 그리스의 철학자. 플라톤의 제자이며, 알렉산드로스 대왕의 스승이다.

4. 의상, 화장, 액세서리, 구두 따위를 전체적으로 조화롭게 갖추어 입도록 꾸며주는 일을 전문적으로 하는 사람.

5. 도시와 도시 사이를 연결해 주는 큰길.

9. 이를 닦는 데 쓰는 약.

10. 정당한 법적 절차에 의하지 아니하고 잔인한 폭력을 가하는 일.

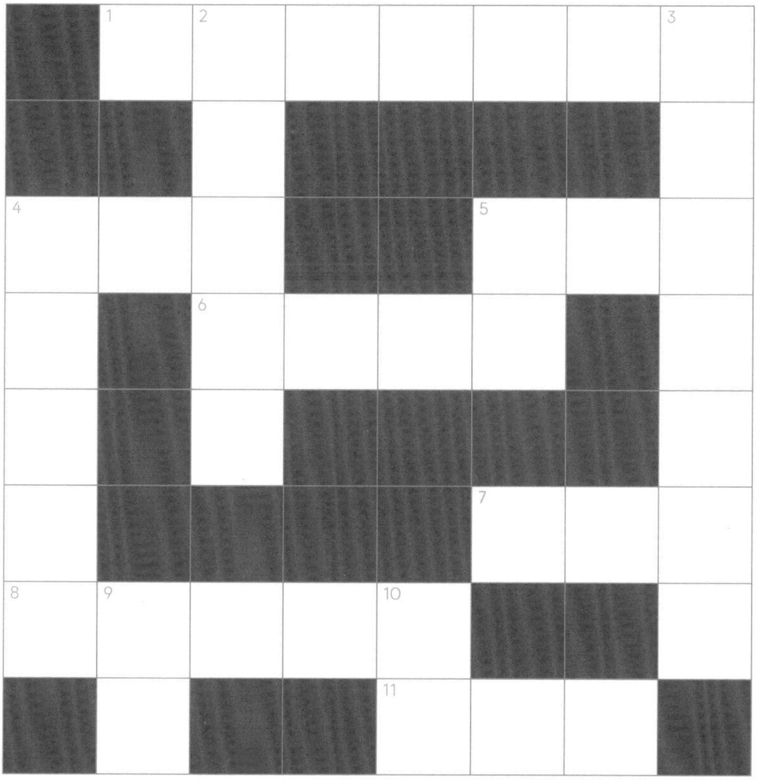
1
2
3
4
5
6
7
8
9
10
11

가로

1. 국가 원수나 정부 수반이 나라의 정치를 시행하는 것과 관련하여 하는 연설. 정부 정책의 기본 방침과 과업을 담는다.

4. 열흘 동안 붉은 꽃은 없다는 뜻으로, 한 번 성한 것이 얼마 못 가서 반드시 쇠하여짐을 비유적으로 이르는 말.

6. 총포를 파는 가게.

8. 사물이나 가업 따위를 후대의 자손에게 남겨 주어 자손이 그것을 이어 나감. 또는 그런 물건.

9. 서로 이기려고 다투고 있는 곳.

10. 중국의 대표적인 간식으로 자리를 잡았으며 우리나라에서도 얼마 전 크게 유행하였다. 과일에 설탕 시럽을 발라 굳혀 먹는다.

12. 우리나라 서남해 쪽에 있는 가장 큰 화산섬.

세로

1. 증권거래소에서 상장된 증권 모두를 그날의 종가로 평가한 금액.

2. 각 민족 사이에 전승되어 오는 신화, 전설, 민담 따위를 통틀어 이르는 말.

3. 집단이나 조직의 내부에서 자기들끼리 일으킨 분쟁.

5. 한약 처방의 하나로 팔물탕(八物湯)에 황기와 육계를 더하여 만드는 탕약. 원기를 돕는 데 효과가 있다.

7. 출산, 양육, 실업, 은퇴, 장애, 질병, 빈곤, 사망 따위의 어려움에 처한 사회 구성원들의 생활을 국가 및 지방 자치 단체가 일련의 사회 정책을 통하여 해결해 주는 제도.

9. 직육면체 모양으로 만든 설탕.

11. 어떤 병을 앓고 난 뒤에도 남아 있는 병적인 증상을 가리키는 말.

13. 강의를 신청하지 않고 몰래 들음.

가로

1. 늙은 장수.
2. 공동 주택 양식의 하나. 오 층 이상의 건물을 층마다 여러 집으로 일정하게 구획하여 각각의 독립된 가구가 생활할 수 있도록 만든 형태.
4. 정기적으로 일정한 요금을 내면서 지속적으로 물품이나 서비스를 받는 경제 활동.
5. 백제 말기의 장군(?~660). 660년 나당 연합군이 백제로 쳐들어오자, 결사대 오천을 이끌고 황산벌에서 신라 장수 김유신과 네 차례 싸운 끝에 전사하였다.
6. 살코기 사이에 하얀색 지방이 그물처럼 퍼져서 박혀 있는 것.
7. 병원이나 가정에 늘 준비해 두는 약품.
9. 목이 긴 여성용 양말. 나일론 따위로 만들어 얇고 신축성이 좋다.
11. 어떤 부분을 특별히 강하게 주장하거나 두드러지게 함.
12. 과실주의 하나로 매실나무의 열매로 담그는 술.

세로

1. 노벨의 유언에 따라 수여되는 상의 하나로 매년 세계에서 인류의 복지를 위해 가장 큰 공헌을 한 문학가를 선정하여 주는 상.
2. '동생'을 친밀하게 이르는 말.
3. 농구에서, 경기자가 공을 가진 채 세 걸음 이상 가는 경우에 범하는 반칙.
4. 증서 따위를 만들지 않고 말로만 맺은 계약.
6. 마네킹처럼 날씬한 몸매를 비유적으로 이르는 말.
8. 암컷과 수컷의 눈과 날개가 하나씩이어서 짝을 짓지 아니하면 날지 못한다고 전해지는 전설상의 새.
9. 앞면에는 글이나 그림을 인쇄하고 뒷면에는 접착제를 발라 쉽게 붙일 수 있도록 만들어 놓은 종잇조각.
10. 한 회사의 주식 가운데 많은 몫을 가지고 있는 주주.
11. 세력이나 힘을 더 강력하고 튼튼하게 함.

가로

1. 자신의 혼자 힘으로 경영하는 사업자.
4. 공이 있는 자에게는 반드시 상을 주고, 죄가 있는 사람에게는 반드시 벌을 준다는 뜻으로, 상과 벌을 공정하고 엄중하게 하는 일을 이르는 사자성어.
6. 신성한 대상을 찬미하는 노래.
8. 벌이 알을 낳고 먹이와 꿀을 저장하며 생활하는 공간.
9. '거짓말'을 속되게 이르는 말.
11. 물건의 껍데기나 껍질을 벗기고 남은 속 부분.
14. 세를 내고 빌려 쓰는 비행기.

세로

1. 자기가 한 일을 스스로 자랑함을 이르는 사자성어.
2. 자신이 있다는 느낌.
3. 자기가 직접 글씨를 씀. 또는 그 글씨.
5. 신체 일부가 아주 가볍고도 재빠르고 크게 잇따라 움직이는 모양.
7. 땀방울이나 물방울, 열매 따위가 잘게 많이 맺힌 모양.
10. 아들의 성격, 생활 습관 따위가 아버지로부터 대물림된 것처럼 매우 똑같거나 비슷함을 이르는 말.
12. 똑똑하지 못하고 흐리멍덩한 사람을 낮잡아 부르는 말.
13. 지난 일을 돌이켜 생각하여 냄.

1			2		3		
			4			5	
6	7					8	
			9		10		
	11	12					13
					14		

가로

1. 강원도 회양군 사동면에서 시작하여 춘천, 양구, 가평 등을 거쳐 흐르는 강. 남 한강과 함께 한강의 주요한 지류.

5. 텔레비전에서 특정한 프로그램이 시청되고 있는 비율 정도.

7. 물의 흐름을 막거나 유량을 조절하기 위하여 설치한 문.

9. 결산을 한 후 그 결과를 대차 대조표와 손익 계산서 등으로 작성한 재무제표.

11. 종이 한 장으로 표지를 장정한, 싸고 간편한 책.

14. 투자자의 주의를 환기하고자 지정한 증권 종목.

17. 스스로 구함.

세로

2. 얼어 죽은 시체를 이르는 말.

3. 국회 의결을 거쳐 대통령이 서명하고 공포함으로써 성립하는 국법.

4. 보거나 듣거나 하여 깨달은 지식.

6. 마음이 맑고 깨끗하며 탐욕이 없음.

7. 귀중한 것을 고이 간직하는 창고.

8. 아이스크림에 과일이나 초콜릿, 생크림 따위를 곁들여 만든 디저트의 한 종류.

10. '신라'의 옛 이름.

12. 자신의 이익을 위해서 비열하게 다투는 것을 비유적으로 이르는 말.

13. 종을 치거나 때림. 연말 ○○ 행사.

15. 시작한 일에 끝이 있음.

16. 눈으로 직접 봄.

1		2	▓	3	▓	▓	4
▓	▓	5	6		▓	7	
8	▓	▓		▓	▓		▓
	▓	▓	9				10
11	12			▓			
▓		▓	▓	▓	13	▓	
▓	14		15			16	▓
17		▓		▓	▓		▓

중국의 사대기서 이야기

명나라 말기의 저명한 문학가 풍몽룡은 명대의 저명한 네 가지 소설을 묶어 사대기서(四大奇書)라고 칭했다. 그리고 현재에도 이 사대기서는 많은 사람에게 사랑을 받고 있다.

여기에 지칭되고 있는 사대기서는 나관중의 《삼국지연의》, 시내암의 《수호전》, 오승은의 《서유기》, 작자미상의 《금병매》의 네 작품으로 여기에 아주 간단하게 소개하도록 하겠다.

* 나관중의 《삼국지연의》

삼국지연의는 역사책이 아니라 역사책인 《정사 삼국지》를 바탕으로 만든 이야기책이다. 특히 "삼국지를 세 번 이상 읽지 않은 이와는 상대를 하지 말라"는 말을 생겼을 정도로 동양 최고의 고전이자 필독 도서로 인정받는 소설이다.

내용은 184년부터 280년에 이르는 시기의 삼국 시대가 통일되기까지의 군웅들의 이야기를 담고 있다.

* 시내암의 《수호전》

《수호전》은 중국의 고전소설로 이후 유행했던 무협 소설의 원조라고 할 수 있다. 원나라 말 시내암이 원작을 썼다고 전해지나, 《삼국지연의》의 작가인 나관중과 같이 작업을 했다는 설도 있다. 시내암이 실존 인물이었는지도 불분명하다.

내용은 108 영웅들의 의기와 의리를 생생하게 그리고 있으며, 후반부에는 영웅들이 국가를 위해 충성을 다하였지만, 간신들의 모함으로 스러져가는 스토리다.

* 오승은의 《서유기》

오승은이 전해지는 설화를 취합하여 새롭게 창작한 중국의 고전소설이다. 서유기가 풍기는 작품 속 묘사와 내용은 동양풍의 판타지 소설과 같다.

내용은 당나라 승려 삼장법사가 세 제자와 장안에서 10만 8천 리 떨어진 서역에 불경을 얻으러 가면서 겪는 이야기로 81가지 고생을 돌파해 나가는 것을 골자로 하고 있다.

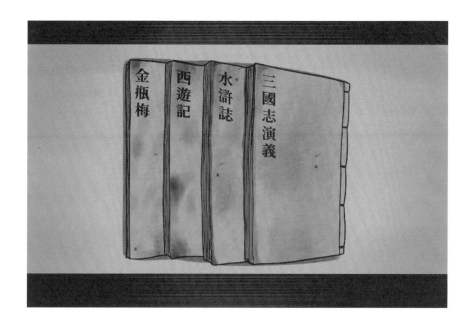

✱ 소소생의 《금병매》

작가에 대해 알려진 것이 없기에 작자미상이라고 표기해 놓는 것이 맞을 수도 있다. 저자라고 전해지는 난릉소소생(蘭陵笑笑生)의 인물에 대해서 전혀 알 수 없기 때문이다. 난릉은 당시의 지명이고, 소소생은 필명으로 보인다.

《금병매》의 내용은 《수호전》을 바탕으로 명나라 때 창작된 장편소설로 무송이 서문경을 죽이는 데 실패해서 서문경은 멀쩡히 잘 살면서 시녀, 유부녀, 비구니 등 여자는 가리지 않고 탐하다가 복수를 노리던 10대 소녀 영아에 의해 춘약 과다복용으로 사망하는 이야기다.

제목의 금병매는 반금련, 이병아, 방춘매에서 따온 것이며, 이야기의 핵심인 돈, 술, 여자를 의미한다는 해석도 있다. 아무튼 요즘으로 따지면 《수호지》의 스핀오프나 동인지 느낌일 수 있겠으나 루쉰은 《금병매》를 두고 명나라 때의 소설 가운데 인간의 세태를 가장 잘 표현한 '인정소설(人情小說)'이라고 할 정도로 문학성도 높다고 할 수 있겠다.

5단계

9 x 9

가로

3. 건설사가 집을 사고자 하는 사람에게 미리 보이기 위하여 실제 내부와 똑같게 지어놓은 집.

5. 1513년 이탈리아의 마키아벨리가 지은 책으로 근대 정치학의 고전이라 불린다. 분열된 이탈리아의 통일을 위해서 지도자는 강한 결단력을 가지고 권모술수의 수단을 취해야 한다고 주장하고 있다.

6. 벨기에의 유명한 만화 〈개구쟁이 스머프〉 속의 악당 마법사. 스머프를 잡아먹는 게 인생의 목표다.

8. 페놀계 화합물로 흔히 수면마취제라고 불리며 정맥마취제로 사용된다. '우유 주사'라는 은어로 불리는 향정신성 의약품.

10. 술을 마시고 춤추며 노래하는 것을 일컫는 말. ○○○○에 탐닉함.

11. 조선 시대 때 시전에서 쓰는 자, 말, 저울 따위와 물가를 검사하던 관아.

13. 정당의 우두머리 역할을 하는 사람을 이르는 말.

15. 대한민국의 혼성 음악 그룹. 1994년에서 1996년까지 활동했다. 대표곡으로 '일과 이분의 일'이 있다.

16. 죽을 각오로 맞서 싸움을 뜻하는 말.

세로

1. 매화, 난초, 국화, 대나무를 그린 동양화. 혹은 그 소재.

2. 이론에 밝고 능한 사람. 또는 이론을 좋아하는 사람.

4. 하수를 처리 시설로 이송하거나 공유 수면으로 유출하기 위하여 설치한 수로.

7. 매주 월요일 밤 10시 KBS 1TV로 방송되는 장수 음악 프로그램. 흘러간 유행가와 트로트를 부르며 향수와 추억을 되새기게 한다. 김동건 아나운서가 오랫동안 사회를 맡았다.

8. 오스트리아의 심리학자로 정신 분석학의 창시자로 불린다. 정신 분석의 방법을 발견하여 잠재의식을 바탕으로 한 심층 심리학을 수립하였다.

9. 중요한 사항이나 핵심. 키○○○.

10. 음악에 대해 비평, 평론하는 것을 전문적으로 하는 사람.

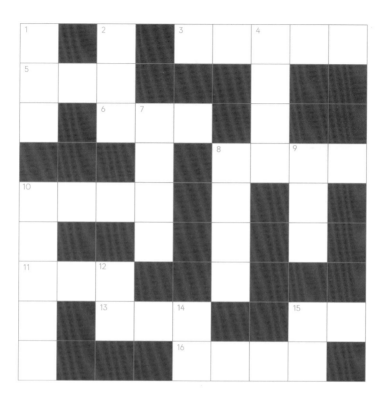

12. 조선시대의 초등학교라고 할 수 있는 사설 한문교육기관.

14. 투표를 하여 결정함.

15. 쇠붙이로 만든 돈을 땅바닥에 던져놓고 그것을 맞히면서 내기를 하는 놀이.

가로

1. 이탈리아의 정치 사상가. 근대적 정치관을 개척했다. 대표 저서로《군주론》이 있다.

4. 자신에게 은혜를 베푼 사람.

5. 가오릿과의 바닷물고기. 한국에서 특히 상업적 가치가 높으며, 회나 무침 등의 방법으로 조리해서 섭취한다. 삭혀서 막걸리와 함께 먹는 홍탁이 유명하다.

7. 지중해 동부, 그리스와 소아시아 반도 및 크레타섬에 둘러싸인 바다. 고대 그리스 문화의 발상지인 다도해를 말한다.

9. 조선 시대의 가사. 멀리 떨어져 있는 임을 그리워하고 기다리는 내용의 짧은 노래.

10. 높음과 낮음을 한꺼번에 이르는 말.

11. 글씨를 쓰는 펜의 하나. 펜대 속에 넣은 잉크가 펜촉으로 흘러나와 무엇인가를 쓰거나 그릴 수 있게 한다.

12. 죽은 사람의 남은 가족.

13. 현대그룹의 창업자로 제14대 대통령 선거에 대통령 후보로 출마하기도 하였다.

15. 우주가 태초의 대폭발로 시작되었다는 이론. 1920년대 러시아 수학자 프리드만과 벨기에의 신부 르메트르가 제안하였다. 프리드만의 제자인 러시아 출신의 미국 물리학자 조지 가모프에 의하여 현재의 대폭발론으로 체계화되었다.

16. 1858년 출간된 새뮤얼 스마일스의 대표 저서. 자조로써 성공한 사람들의 언행을 기술하였다.

17. 간과 쓸개를 아울러 일컫는 말. ○○이 서늘하다.

세로

2. 미국의 소설가 진 웹스터의 대표 작품. 1912년에 발표된 작품으로 불우한 과거의 상처를 극복하는 주디의 성장기가 그려져 있다.

3. 1830년 네덜란드에서 독립한 유럽 서북부에 있는 입헌 군주국. 석탄이 풍부하고 공업과 농업이 매우 발달하였다.

4. 특정 계층이나 부류의 사람들이 다른 사람들이 알아듣지 못하도록 자기네 구성원들끼리만 빈번하게 사용하는 말.

5. 아프리카 동북부와 아라비아반도 사이에 있는 바다로 해저에 있는 해조 때문에 붉

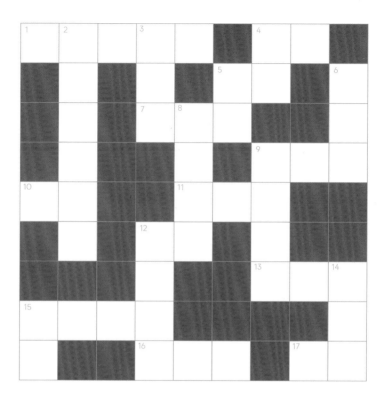

은빛을 띤다. 수에즈 운하 개통 후 아시아와 유럽을 이어주는 중요 항로가 되었다.

6. 판소리 열두 마당의 하나. 적벽전에서 관우가 달아나는 조조를 잡지 않고 길을 터주어 조조가 화용도까지 도달하는 장면을 노래한다.

8. 백인종으로 키가 크고 금발이며 눈이 푸른 민족. 원래 거주지는 스칸디나비아반도 의 남부에서 유틀란트반도와 북독일에 이르는 지역이었으나 점차 활동 지역이 넓 어졌다. 4세기 민족 대이동이 있던 시기에 ○○○ 왕국을 유럽 각지에 건설하였다.

9. 모든 일은 반드시 바른길로 돌아간다는 사자성어.

12. 유물론을 믿거나 주장하는 사람.

14. 히어로의 전설적인 행적을 쓴 이야기.

15. 대한민국의 5인조 보이 그룹으로 YG 엔터테인먼트 소속이다. 그룹명은 우주의 대폭발이란 뜻처럼 가요계에 큰 반향을 일으키겠다는 의미가 담겨 있다.

가로

1. 큰 차이 없이 거의 같음을 이르는 말.

3. 오래전부터 전하여 지금까지 남아 있는 풍속.

5. 1970년 출간한 미하엘 엔데의 걸작. 시간을 훔치는 도둑과 그 도둑이 훔쳐 간 시간을 찾아주는 한 소녀에 관한 이야기가 담겨 있다.

7. 중국 전국시대 말기 진나라의 정치가. 원래 직업은 상인이었다. 장양왕 때 승상이 되었고 이후에 상국이 되었으나 태후 간통 사건에 연루되어 자살하였다. 《여씨춘추》를 편찬하였다

8. 사례금이나 상금으로 얼마의 돈을 넣은 봉투.

9. 쌍용자동차의 스포츠 유틸리티 자동차(SUV)로, 현존하는 대한민국산 자동차 브랜드 중 최장수를 자랑하는 브랜드.

10. 대한민국의 시인이자 정치인. 제19·20대 국회의원을 지냈다. 대표작으로《접시꽃 당신》이 있다.

12. 중국 당나라 현종의 비. 춤과 음악에 뛰어나고 총명하여 현종의 총애를 받았으나 안녹산의 난 때 죽었다.

14. 일정한 지역에 사는 사람의 수.

16. 위에 있는 단.

17. 보행자의 통행에 사용하도록 된 도로.

18. 남의 물건을 몰래 훔친 죄를 지은 사람.

20. 유학을 신봉하는 무리.

21. 이런저런 자잘한 품목을 일컫는 말.

세로

1. 1861년 김정호가 제작한 우리나라의 대축척 지도.

2. 어머니의 여자 형제를 이르거나 부르는 말.

4. 자기 뜻대로 늘어나게도 오므라들게도 하여 마음대로 쓸 수 있다는 몽둥이.

6. 아프리카 서북부에 있는 입헌 군주국. 북쪽으로 지중해, 동쪽과 남쪽은 알제리와 접하여 있다. 수도는 라바트.

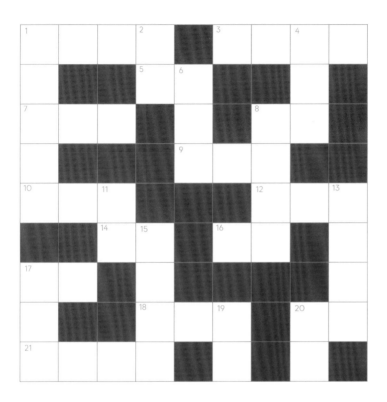

8. 칼로 무엇을 대번에 쳐서 두 도막을 냄을 뜻하는 말.

11. 단군 신화에 나오는 인물. 우리나라 상고시대의 세 성인 중 하나. ○○, 환웅, 환검.

13. 정식 명칭은 블레미시 밤. 본래의 목적은 피부과 치료 후 피부 재생 및 보호였다. 잡티를 가려주고 피부 톤을 정리해 주어 연예인들이 많이 사용하면서 일반인에게도 알려져 대중적으로 사용되기 시작했다.

15. 모든 구절. 말 한마디 한마디마다.

17. 다른 글에서 끌어다 쓴 구절.

19. 법을 어기고 저지른 잘못.

20. 요금을 내게 되어 있음.

Q4

가로

2. 특수한 장비를 갖추어 특수한 용도에 쓰는 자동차.

3. 집안이 좋고 성격이 밝은 데다 공부도 잘하고 인물도 훤한, 모든 면에서 뛰어난 젊은이를 의미하는 말. 웹툰《골방 환상곡》의 "엄마 친구 아들은 공부 열심히 해서 서울대 들어갔다는데, 넌 뭐냐!"라는 대사에서 비롯되었다고 한다.

5. 온돌방에서 아궁이와 가까운 방바닥을 이르는 말.

6. 한 직위나 직장 따위에 오래전부터 머물러 있는 사람.

8. 콘크리트 제조공장에서 굳지 않은 상태로 차에 실어 그 속에서 뒤섞으며 현장으로 배달하는 콘크리트. 혹은 콘크리트가 굳지 않도록 개면서 운반하는 트럭.

9. 1982년 개봉한 액션 영화. 시리즈로 제작되었으며 이 영화의 원작은 데이비드 모렐이 출판한 소설《혼자뿐인 군인》이다.

11. 야구에서 투수가 타자를 교란하기 위해 던지는 변화구의 일종. 직구처럼 빠르게 들어오다 타자 앞에서 미끄러지듯이 바깥쪽으로 약간의 회전을 하며 휘어져 나간다.

13. 아직 결정하거나 해결하지 아니함을 일컫는 말.

15. 기회를 탐. ○○를 잡다.

16. 어떤 행사에 앞서 그 전날 밤에 베푸는 축제.

17. 군대의 양식.

18. 매매, 증여 따위의 법률 행위나 상속으로 생기는 권리의 변동에 관한 등기.

20. 봇짐장수와 등짐장수를 통틀어 이르는 말.

세로

1. 나이나 항렬 따위가 자기보다 아래이거나 낮은 사람.

2. 과학, 외국어, 수산, 해양, 예술, 체육 등 특수 분야의 전문적인 교육을 목적으로 하는 고등학교를 통상적으로 줄여 일컫는 말.

4. 컴퓨터에 제공하는 명령을 문자나 그림으로 나타낸 것. 마우스로 ○○○을 선택하거나 더블클릭하면 명령을 실행하게 되어있다.

7. 하이트 진로에서 생산 및 판매하는 소주의 상품명. 대한민국을 대표하는 소주 브랜드로 원수를 대나무 숯으로 네 번 걸러 사용한다고 알려져 있다.

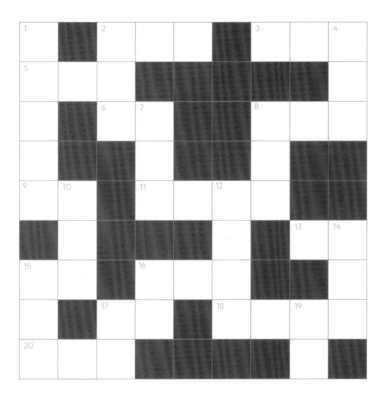

8. 전자파를 발사해 그 반사파를 측정하는 것으로써, 대상물까지의 거리나 형상을 측정하는 장치. 군사용, 기상용 등 여러 용도로 사용된다.

10. 바닷속에 들어가서 조개, 미역 따위의 해산물을 따는 일을 하는 사람.

12. 오랑캐로 오랑캐를 무찌른다는 뜻. 한 세력을 이용하여 다른 세력을 견제하게 함을 이르는 말.

14. 상인이나 회사가 영업의 결산을 하는 시기.

15. 전투에서 이긴 경과를 적은 기록.

16. 전체의 분량이나 수량.

17. 떼를 지어서 모여 있는 많은 사람. 온갖 ○○들이 망라된 대하소설.

19. 등에 나는 큰 부스럼.

가로

1. 4년에 한 번 겨울마다 열리는 지구촌 축제. 2018년에는 강원도 평창에서도 개최 되었다.

2. 달이 태양의 일부나 전부를 가리는 현상.

3. 서로 넘나들지 못하게 가로막는 장벽을 비유하여 지칭하는 말로 진나라의 시황 제가 완성한 중국의 성이다.

5. 몽골고원에 사는, 여러 부족으로 이루어진 아시아계 민족.

7. 황금의 덩이를 일컫는 말.

9. 제의나 권유 따위를 굳이 사양함.

10. 과거에, 읍내에 살던 유생을 일컬었던 말.

11. 융통성이 없고 고집이 세어 달리 어찌할 수 없음을 이르는 한자어.

13. 계획했던 일을 못 하게 됨을 일컫는 말.

15. 1993년 8월, 당시 관방장관이던 고노 요헤이가 일본군위안부에 대한 일본군과 군의 강제성을 인정하고 사과한 담화를 말한다.

16. 죄다 동시에. 또는 몰아서 한 차례에. "그는 빌린 돈을 ○○○○ 갚았다."

세로

1. 같은 자리에 자면서 다른 꿈을 꾼다는 뜻. 겉으로 같이 행동하면서 속으로 각자 딴생각을 하고 있음을 가리키는 말.

2. 단번에 많은 돈을 움켜쥔다는 뜻.

3. 마음에 흡족함. 모자람 없이 충분하고 넉넉함.

4. 성인과 군자를 함께 이르는 말.

6. 몽골고원 내부에 있는 거대한 사막. 대부분 암석 사막으로 이루어져 있다.

8. 고양이의 발과 개의 발이라는 뜻으로, 되는대로 아무렇게나 써놓은 글씨나 모양 을 이르는 말.

10. 조선시대에, 관찰 관아가 아닌 지방 관아가 있던 마을. 읍의 구역 안.

12. 싸움에서 용감하게 활약하여 공을 세운 이야기.

13. 밤에 잠을 자지 않고 번을 서는 일. 또는 그런 일을 하는 사람.

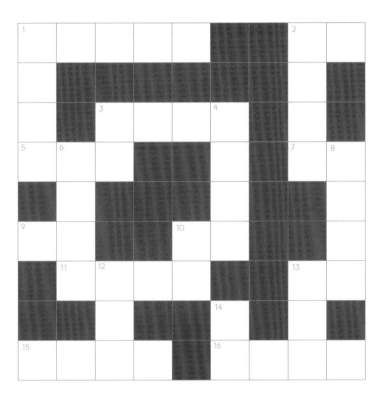

14. 원통하고 억울한 일을 당하여 응어리진 마음.

가로

1. 마법을 부리는 사람.
3. 탄소로만 구성된 광물로 보석의 황제라 불리기도 한다. 과거에는 왕이나 귀족의 전유물이었으나 현대에 와서는 결혼식 예물로 흔히 쓰일 만큼 대중화되었다.
6. 시간이 꽤 걸리는 먼 거리.
7. 자기가 저지른 일의 결과를 자기가 받음.
10. 아랍어로 '요새'를 뜻함. '칠갑산'으로 데뷔한 故윤희상은 20여 년 동안 무명 가수로 지냈지만 2000년대 초반 '○○○의 여인'이 큰 인기를 끌면서 트로트계의 스타가 됐다.
11. 중대형 선박이 통과할 때 교량을 움직여 배의 운행에 지장이 없도록 만들어진 다리. 부산의 영도대교는 국내 유일의 ○○○다.
13. 이익이 남는 돈.
15. 일반적으로 머리의 한쪽에서만 나타나는 두통을 가리키는 말. 머리 혈관의 기능 이상으로 인해 발작적이며 주기적으로 나타나는 두통의 일종이다.
18. 선거에 후보로 나서지 않음을 뜻하는 말.
20. 사마방의 둘째 아들로 중국 삼국시대 위나라의 명장이자 정치가. 서진 건국의 기초를 세웠다.
21. 제 달을 다 채우지 못하고 여덟 달만에 태어난 아이를 일컫는 말로, 몹시 어리석은 사람을 이르는 말.

세로

1. 신라의 마지막 왕자. 제56대 경순왕의 아들로. 신라가 고려에 항복하는 것에 강하게 반대하다 금강산에 들어가 여생을 보냈다.
2. 회사의 책임자. 회사 업무의 최고 집행자로서 회사 대표의 권한을 갖은 사람.
3. 물을 건너거나 또는 한편의 높은 곳에서 다른 편의 높은 곳으로 건너다닐 수 있도록 만든 시설물.
4. 아시아 대륙에 이어 세계에서 두 번째로 큰 대륙. 동쪽은 인도양, 서쪽은 대서양, 북쪽은 지중해에 면해 있다. 적도가 중앙부에 걸쳐 있어 열대·아열대 기후를 나타낸다.
5. 자율 항법 장치로 자동 조종되거나 무선 전파를 이용해 원격 조종되는 무인 비행체.

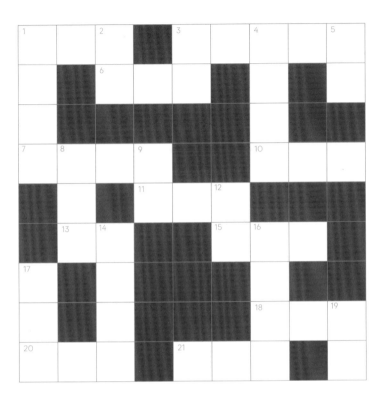

8. 집 앞에 버려진 아이를 일컫는 말. 주로 자식이 없는 집 앞에 버려지며 보통 그 집에서 키운다.

9. 오묘한 이치나 도를 깨달음.

12. 교사가 강의할 때 필요한 사항을 가리키기 위하여 사용하는 가느다란 막대기.

14. 무력을 배경으로 하는 무단 정치와는 달리 교화 또는 학문과 법령에 따라 정치를 펴는 태도. 중국의 한나라가 유교를 국교로 삼으면서 시작되었다.

16. 바깥출입을 하지 않고 집에서만 은거하는 것을 비유적으로 이르는 말.

17. 경상북도 경주시 진현동의 토함산 기슭에 있는 절. 석굴암과 함께 신라 불교예술의 귀중한 유적으로 1995년 유네스코 세계문화유산으로 지정되었다.

19. 중국의 유명 기업인. 세계 최대 전자상거래 기업 알리바바 그룹의 창업자이자 회장. 소비자 물품 거래 사이트의 연속적인 성공으로 아시아 최대 재산가로 거듭났다.

가로

1. 불교의 우주관에서, 세계의 중앙에 솟아 있다는 산.

3. 법도 도리도 없이 포악하다는 뜻, 사납고 악착하기가 이를 데 없음을 이르는 말.

5. 양철을 써서 둥근 기둥 꼴로 만든 통조림통 따위의 통.

6. 서울의 종로구와 중구의 경계를 흐르는 하천. 2003년 복원공사를 시작하여 2005년에 일반인에게 공개되었다.

8. 경찰 공무원 계급의 하나. 경위의 아래, 경장의 위를 말한다.

10. 회의에서 많은 사람의 의견에 따라 안건의 가부를 결정하는 일.

12. 충청남도 부여군 북부를 흐르는 강. 금강의 본류이며 소정방이 ○○의 머리를 미끼로 하여 용을 낚았다는 전설이 전해지는 강이다.

14. 군대의 사기를 북돋우기 위하여 부르는 노래. 주로 군대 생활과 전투 활동을 담은 가사가 많다.

15. 맛이 없거나 재미가 없음을 이르는 말.

17. 주식을 가지고 직접 또는 간접으로 회사 경영에 참여하고 있는 개인이나 법인.

18. 1910년 일본 제국주의가 대한제국을 완전한 식민지로 만들기 위해 강제로 체결한 조약. 대한제국의 통치권을 일본에 넘겨주고 합병을 수락한다는 내용이 담겨 있다.

세로

1. 수수나 옥수수 줄기의 껍질을 벗긴 심. 미술 세공의 재료로 쓴다.

2. 산속에 있는 별장

3. 송나라의 정치가로 본명은 '포증'이다. 청백리로 칭송되었으며 한국에는 1993년 드라마 〈판관 ○○○〉 이 소개됨으로써 널리 알려지게 되었다.

4. 사람이 전혀 살지 않는 외진 곳. 또는 아무것도 거칠 게 없는 판을 일컫는 말.

7. 닭의 갈비라는 뜻으로, 그다지 큰 소용은 없으나 버리기에는 아까운 것을 이르는 말.

9. 사업을 계획하고 경영하는 사람. 또는 그 일에 익숙한 사람.

10. 일본식 주택의 방바닥에 까는 돗자리.

11. 행동이나 마음씨가 깨끗하고 조촐하여 아무런 허물이 없음.

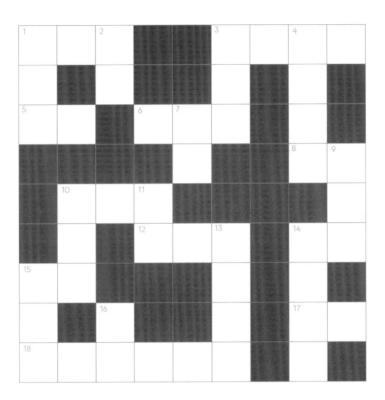

13. 서로 싸우던 나라끼리 전쟁의 종료와 평화의 회복, 영토, 배상금 따위의 강화 조건을 규정하고 그 이행을 위한 담보 수단을 정하는 조약.

14. 국가의 가장 중요한 목적을 군사력에 의한 대외적 발전에 두고, 전쟁과 그 준비를 위한 정책이나 제도를 국민 생활 속에서 최상위에 두려는 이념. 또는 그에 따른 정치 체제.

15. 일정한 소속이나 직업이 없이 불량한 짓을 하고 돌아다니며, 성품이 막되어 예의와 염치를 모르는 사람을 일컫는 말.

16. 아무것도 들어있지 않아 비어 있는 병.

가로

1. 비단에 수를 놓은 것처럼 아름다운 산천이라는 뜻으로, 우리나라의 산천을 비유적으로 이르는 말.

3. 어떤 지역의 가장자리가 되는 곳을 일컫는 말.

5. 강원도 속초시 설악동과 고성군 토성면에 있다. 2013년 3월 11일 대한민국의 명승 제100호로 지정되었다.

6. 제주시 구좌읍 평대리에 위치한 숲길. 천연기념물 제374호로 지정 보호하고 있으며 500~800년생 비자나무 2,800여 그루가 밀집하여 자생하고 있다.

9. 대학에서, 학문을 가르치고 연구하는 사람.

10. 밑천을 많이 가지고 크게 하는 장사 또는 그런 장수를 일컫는 말.

11. 아내에게 눌려 지내는 남편을 이르는 말.

13. 대한민국의 코미디언이자 영화감독. 주로 바보 연기로 최고의 명성을 얻었고, 영구 캐릭터로 잘 알려져 있다.

16. 이슬람교의 종교적 최고 권위자인 칼리프가 수여한 정치적 지배자의 칭호.

18. 자연물과 자아가 하나가 된다는 뜻으로, 대상에 완전히 몰입된 경지를 나타낸다.

19. 파충류 이상의 척추동물의 표피 부분을 이루는 경단백질로 이루어진 물질. 케라틴 성분으로, 동물의 몸을 보호하는 비늘, 털, 뿔, 부리, 손톱 따위에 많이 포함되어 있다.

20. 석재로 쓸 돌을 캐거나 떠내는 곳.

세로

1. 태양계 내에서 태양으로부터 두 번째에 위치한 행성. 흔히 샛별이라고 부르는 행성으로 해 뜨기 전 동쪽 하늘이나 해진 후 서쪽 하늘에서 보인다.

2. 3형제로 이루어진 한국의 3인조 록 밴드. 1977년 파격적이고 실험적인 음악으로 선풍을 일으킨 곡 '아니 벌써'가 히트를 기록한 이래 '아마 늦은 여름이었을 거야', '청춘', '내게 사랑은 너무 써', '너의 의미' 등 수많은 히트곡을 남겼다.

3. 물체가 위치를 바꿈. 또는 그 물체의 나중 위치와 처음 위치의 차이를 나타내는 벡터양.

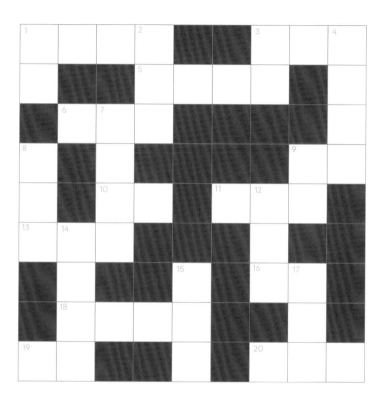

4. 일정한 장단이나 박자에 맞추어 치는 박수.

7. 증권회사가 같은 종류 · 가격 · 수량으로 매도와 매수 주문을 동시에 하여 주식을
   거래하는 방법.

8. 마음이 차분하게 안정되어 있어 사물이나 상황을 냉철하게 바라보고 판단할 수
   있는 상태를 뜻하는 말.

9. 학교를 상징하는 노래. 학교의 교육 정신, 이상, 특성 따위를 담고 있다.

12. 사람들과 사귀며 세상을 살아가는 방법이나 수단.

14. 석유, 플루오레세인, 에오신 등 형광을 발산하는 물질을 통틀어 이르는 말.

15. 기(氣)를 통해 이루어지는 모든 활동과 수련을 체조에 빗대어 이르는 말.

17. 태어난 달을 상징하는 보석. 행운을 불러들인다고 하여 몸에 지닌다.

니콜로 마키아벨리와 군주론의 탄생 배경

* 니콜로 마키아벨리의 간단 생애

니콜로 마키아벨리는 1469년 5월 3일 피렌체에서 태어났다. 피렌체에서 계속해서 생활하며 자란 마키아벨리는 당시 격변의 피렌체를 목격하게 된다. 29세에는 마침내 피렌체 공화정의 외교 실무를 담당하는 제2서기장에 발탁된다. 1499년에는 피사 재정복 작전에 파견되었고 한 나라가 용병에 의존하는 근시안적 정책을 하게 되면 나라가 결국 위험하게 된다는 것을, 경험을 통해서 깨닫게 되었다.

이후 피렌체의 상황은 마키아벨리의 생각을 더욱 확고하게 만드는 상황들의 연속이었다. 결국 1512년 메디치 가문이 피렌체 공화정을 무너트리고 정권을 갖게 되면서 마키아벨리는 공직에서 쫓겨나고 고문을 당하고 재산을 몰수당하기까지 했다.

그럼에도 불구하고 피렌체를 사랑하는 마음이 컸던 마키아벨리는 공직에서 일하기를 원했고 메디치 가문의 새로운 군주 로렌초에게 《군주론》을 저술하여 바치려고 했다고 전해진다. 하지만 실제로 군주론을 바쳤는지는 알 수가 없다.

* 《군주론》의 내용

정치학의 중요한 고전으로 '마키아벨리즘'이라는 말이 생길 정도로 훗날 정치학에 많은 영향을 주었다. 주된 내용은 군주가 알아야 할 통치 기술을 다루었다. 군주가 국가를 통치·유지하기 위해서는 무엇보다도 권력에 대한 의지와 야심 그리고 용기가 있어야 하고 필요에 따라서는 불성실·몰인정·잔인해도 무방하며 종교까지 이용해야 한다고 주장하였다.

일종의 권모술수를 통해서라도 강력한 군주가 되어 부강한 나라로 이끄는 것을 목표로 하고 있다고 보인다. 다만 마키아벨리가 공화정을 꿈꾸었던 사람으로서 메디치 가문을 빨리 몰락시키고자 이 책을 저술해서 바치려 했다는 음모론과 반면에 하루빨리 이탈리아가 외세에 휘둘리는 것을 끝내고자 하는 애국심으로 이 책을 지었다는 견해도 있다.

어떤 것이 마키아벨리의 본심인지는 모르겠으나 《군주론》이 근대 정치학을 획기적으로 발전시키는 계기가 되었다는 것은 부정할 수 없겠다.

▲ (참고 1) 니콜로 디 베르나르도 데이 마키아벨리

▲ (참고 1) 《군주론 표지》(1550년 판)

10 x 10

Q1

1. 고려와 조선 건국 때 왕을 도와 공이 많았던 신하에게 내린 칭호.

3. 동산이나 부동산과 같은 재산의 가격을 감정 평가할 수 있는 법적 자격을 가진 사람

6. 세계적으로 기후가 한랭하게 되어 고위도 지방이나 높은 산악지대에 빙하가 발달하였던 시기를 일컫는다.

7. 희끗희끗하게 반쯤 센 머리털을 뜻하는 말.

9. 콜롬비아의 수도. 안데스산맥의 고원에 있는 도시로 1538년에 건설되었다.

11. 토지의 가격.

12. 가을에 익은 곡식을 거두어들이는 일.

13. 각 팀을 응원하는 사람들이 상대편보다 더 열렬히 응원하려는 것을 싸움에 비유하여 이르는 말.

15. 경찰서에서 범죄 수사를 맡은 부서.

17. 목본 식물을 통틀어 이르는 말.

19. 김태호 PD의 기획으로 2006년 5월부터 2018년 3월 31일까지 방영된 MBC 예능 프로그램. 대한민국 평균 이하임을 자처하는 남자들이 매주 새로운 상황 속에서 펼치는 좌충우돌 도전기.

21. 전자 공학적 장치로 자동 조종이 되거나 원격 조종이 되는 항공기. 주로 정찰, 관측, 경비 업무를 수행하는 데 쓴다.

22. 국화과의 한해살이풀. 높이는 30~50센티미터고 잎은 어긋나며 독특한 냄새가 난다. 여름부터 가을까지 가지와 줄기 끝에 노란색 두상화가 피는데 밤에는 오므라든다.

23. 극장이나 시장, 해수욕장 따위의 영업을 시작함.

1. 개가 먹는 음식인 똥이라는 뜻으로, 언행이 몹시 더러운 사람을 속되게 이르는 말.

2. 믿어서 근거나 증거로 삼을 수 있는 정도나 성질.

3. 주로 바이러스로 인해 걸리는 호흡 계통의 병. 주 증상은 코막힘과 두통이다.

4. 평상시에 입는 옷.

5. 아무에게도 도움을 받지 못하는, 외롭고 곤란한 지경에 빠진 형편을 뜻하는 말.

8. 좋지 않은 일의 근본 원인이 되는 요소를 완전히 없애 버려서 다시는 그러한 일이 생길 수 없도록 함을 이르는 말.

9. 일한 대가로 주는 돈이나 물품.

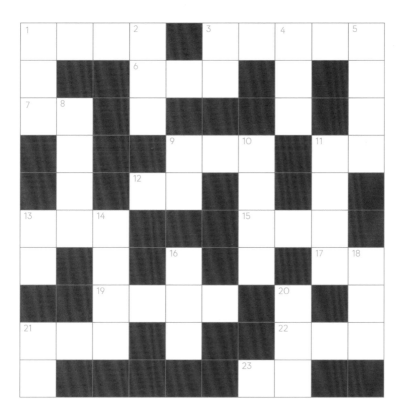

10. 서로 다른 유전자를 가진 꽃의 꽃가루가 곤충이나 바람, 물 따위의 매개에 의하여 열매나 씨를 맺는 일.

11. 소득 분포의 불평등도를 측정하기 위한 계수.

13. 한군데에 엉겨서 뭉침.

14. 전쟁 수행에 큰 영향을 미치는 군사기지, 산업시설 따위의 목표를 공격하는 데 쓰는 무기.

16. 식도에 발생하는 악성 종양. 보통 50~70세의 남자에게 많이 발견되며 목에 무엇이 자꾸 걸리는 듯한 느낌이 증상으로 나타난다. 증상이 심해질수록 식도가 좁아지고 음식물을 삼키기가 어려워진다.

18. 목판에 새겨서 찍은 그림.

20. 참기름과 굵은소금을 섞어 만든 장.

21. 무사가 지녀야 할 품격과 도리.

가로

1. 어떤 목적을 달성하기 위해 취지, 전략, 일정, 기대효과 등 구체적인 계획을 수립하여 작성한 문서.

3. 자신의 목소리로 다른 사람의 목소리나 새, 짐승 따위의 소리를 흉내 내는 일을 비유적으로 이르는 말.

5. 교육감의 발령을 거치지 않고, 학교 측과의 계약을 통해 정해진 기간 일하는 교사.

7. 독일 출신의 유대인 소녀 안네 프랑크가 쓴 일기. 사춘기 소녀가 느낀 마음의 성장 과정, 어른들 세계에 대한 통렬한 비판, 곤경에 처해서도 꺾이지 않고 꿋꿋하게 지켜나간 용기를 꾸밈없고 격조 높은 문장으로 썼다.

9. 여성의 월경이 없어짐. 또는 그런 상태.

10. 뇌의 작동 원리를 과학적으로 규명하는 학문.

11. 신통한 효험을 지닌 약. 또는 어떤 문제를 해결하는 데 매우 효과적인 것.

13. 관례, 혼례, 상례, 제례를 아울러 이르는 말.

15. 냄새를 없애는 데에 쓰는 약제. 숯, 활성탄 따위가 있다. 주로 냉장고나 화장실의 악취를 없애는 데 쓴다.

17. 돈이나 물건 따위를 빌려주거나 빌림을 이르는 말.

19. 크고 무거운 물건이 깊은 물에 떨어지거나 빠질 때 무겁게 한 번 나는 소리.

21. 상품 따위를 파는 직업을 이르는 말.

22. 중국 청나라 함풍제의 황후. 함풍제가 죽자, 동치제와 광서제의 섭정을 하였다. 무술정변을 탄압하였고 의화단 운동이 일자 이를 선동하여 배외정책을 취한 인물이다.

23. 불만을 길게 늘어놓으며 하소연하는 말.

세로

1. 기름을 바르거나 묻히는 일. 또는 뇌물 주는 일을 비유적으로 이르는 말.

2. 그리스 신화에 나오는 오이디푸스의 딸. 금지령을 어기고 오빠의 시체를 땅에 묻었다가 생매장을 당하였다.

4. 군인으로 지원한 사람들을 모집해서 군대를 유지하는 제도.

5. 기구, 기계 따위를 통틀어 이르는 말.

6. 육 · 해 · 공군의 정규 장교를 양성하는 4년제 군사 학교. 대학 과정에 해당하며, 학생들은 졸업 후 소위로 임관한다.

7. 시력이 나쁜 눈을 잘 보이게 하려고 또는 바람, 먼지, 강한 햇빛 따위로부터 보호

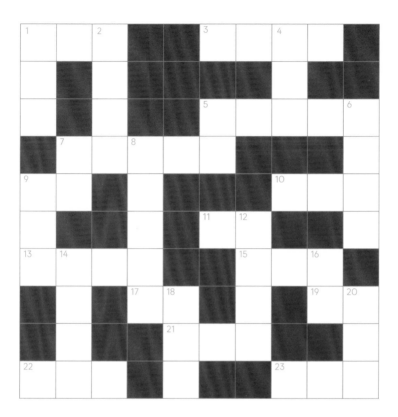

하기 위하여 눈에 쓰는 물건.

8. 현역 군인이 직접 집안을 보살펴야 하는 가사 사정으로 인해 국방부의 허가를 받아 예정보다 일찍 제대하는 것.

9. 산업시설 중의 하나로 폐수를 배출하기 위하여 설치한 관을 이르는 말.

12. 가장 원시적인 농법의 하나. 경작 토지에 대하여 지력의 배양에 필요한 시비 등 아무런 조치도 하지 않고 농작물을 경작하는 농업방법을 말한다.

14. 정신을 잃거나 혼미한 상태에 빠져 주변에 대한 인지뿐만 아니라 각성 자체가 불가능한 상태를 일컫는 말.

16. 갓난아이에게 생기는 파상풍. 탯줄을 자를 때 문제가 생겨 생긴다.

18. 서적이나 회화 따위를 인쇄하여 세상에 내놓는 사업을 하는 회사.

20. 부피가 큰 것이나 크게 뭉쳐서 이루어진 것을 세는 단위.

가로

1. 잊지 않으려고 중요한 골자를 적어둔 것. 또는 그런 책자.

4. 족보로 보아 한 문중에서 맏이로만 이어 온 큰집.

6. 발가락 부분이 서로 분리된 양말.

7. 신분이 낮고 보잘것없는 사내.

10. ○○단지에 불을 넣어 공기를 희박하게 만든 다음 부스럼 자리에 붙여 부스럼의 고름이나 독혈을 빨아내는 일.

11. 사방을 바라볼 수 있도록 문과 벽이 없이 다락처럼 높이 지은 집.

13. 범죄심리분석 수사관을 일컫는 말. 일반적 수사 기법으로는 해결되기 힘든 연쇄 살인 사건 수사 등에 투입되어 용의자의 성격, 행동유형 등을 분석하고 도주 경로나 은신처 등을 추정하는 역할을 한다.

15. 잡다한 일에 두루 쓰는 도장.

17. 기관차에 여객차나 화물차를 연결하여 궤도 위를 운행하는 차량. 사람이나 화물을 실어 나른다.

19. 동물의 입언저리에 난 뻣뻣한 긴 털을 이르는 말.

20. 중력의 변화를 나타낸 지도.

21. 상대편이 이쪽 편의 이야기를 따르도록 여러 가지로 깨우쳐 말하는 것.

22. 얼굴 피부가 노화하여 생긴 잔줄.

23. 폭이 매우 좁고 작은 개천을 일컫는 말.

세로

1. 2009년에 발행된 P2P 기반의 암호화폐 이름. 사토시 나카모토에 의해 개발되었다.

2. 초반부에는 감미롭고 서정적인 저음으로 부르다가 후반부에서는 샤우팅 창법의 고음을 활용하여 애절하면서도 격정적으로 부르는 노래. 록과 발라드가 결합한 장르.

3. 주로 여자가 장식으로 손가락에 끼는 두 짝의 고리.

4. 계속된 일이나 현상의 맨 끝. 세상의 ○○.

5. 직접 글을 쓰는 것을 이르는 말.

8. 일 년 내내 해면이 얼지 않는 항구.

9. 두 길이 서로 엇갈리는 곳. 또는 서로 엇갈린 길.

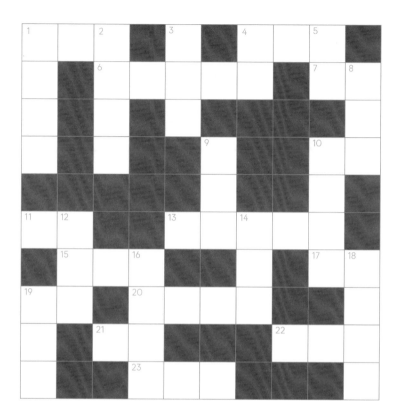

10. 잘게 부스러진 물건.

12. 각막에 생기는 염증을 통틀어 이르는 말.

14. 어떤 일의 여파나 영향이 차차 다른 데로 미치는 정도.

16. 거의 다 되어 가던 일이 별안간 뜻대로 이루어지지 아니함을 이르는 말.

18. 다른 사람의 칼을 빌려 사람을 죽인다는 뜻으로, 음험한 수단을 씀을 이르는 말.

19. 표현을 아름답고 강렬하게 또는 명확하게 하고자 꾸미는 말.

Q4

가로

1. 잎나무나 검불 따위를 모아놓고 피우는 불.

3. 집이나 방을 다달이 빌려 쓰는 일. 또는 그 돈.

6. 아직 피지 아니한 어린 꽃봉오리를 일컫는 말.

8. 물을 마실 때 수원(水源)을 생각한다는 뜻으로, 근본을 잊지 않음을 일컫는 말.

10. 북유럽의 여러 나라, 특히 러시아의 전통적인 목조 건축. 통나무나 각이 진 목재를 수평으로 쌓아 올린다.

11. 중국 양나라 주흥사가 지은 책. 모두 일천 자로 되어 있으며 자연 현상부터 인륜 도덕에 이르는 지식 용어를 수록하였다. 한문 학습의 입문서로 널리 쓰였다.

12. 다른 것에 비하여 특별히 눈에 뜨이는 점.

13. 석가모니가 성도한 깨달음의 내용을 그대로 설법한 경문. 정식 이름은 대방광불화엄경이다.

15. 쌍떡잎식물 장미목 범의귀과의 낙엽관목. 높이는 1미터 정도이며 잎은 넓은 달걀 모양으로 가장자리에는 톱니가 있다. 가을에 보라색 또는 흰색 꽃이 피고 열매는 맺지 못한다. 일본에서 개발되었다.

17. 어디를 갔다가 돌아오는 길.

19. 간사하고 악독함.

20. 늙어 머리털은 빠져 짧지만 마음은 길다는 뜻으로, 노인이 지혜가 많음을 비유적으로 이르는 말.

23. 여러 가지 빛깔이나 빛 따위가 눈부시게 밝음을 이르는 말.

25. 지능이 낮은 듯하고, 단순한 표정을 지닌 사람이 풍기는 아름다움.

26. '안전 보장 이사회'를 줄여 이르는 말.

세로

1. 다른 물건을 본떠서 만든 물건.

2. 경축이나 기념행사 때에 화약류를 공중으로 쏘아 올려 불꽃이 일어나게 하는 일.

4. 동양사와 서양사를 합친 역사. 또는 고등학교 사회생활과의 한 과목.

5. 대학에 부설된 신문사에서 발행하는 신문. 교내·외의 소식을 전하고 학생들에게 유용한 정보를 제공한다.

7. 한자리에 있는 많은 사람이 한꺼번에 울음을 터뜨리어 온통 울음소리로 뒤덮인 상태.

9. 소득이나 수입 금액을 지급하는 쪽에서 세금 일부를, 국가를 대신하여 징수하고

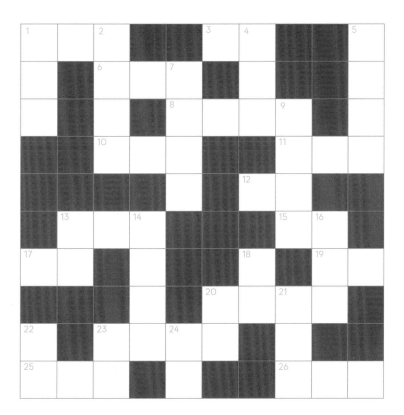

납부하는 조세 징수 방법의 하나.

13. 숯불을 담아 놓는 그릇. 주로 불씨를 보존하거나 난방을 위해 쓴다.

14. 임금이 혹하여 나라가 기울어져도 모를 정도의 미인이라는 뜻으로, 뛰어나게 아름다운 미인을 이르는 말.

16. 한국에서 전통적인 방법으로 만든 간장. 주로 국의 간을 맞출 때 사용한다.

18. 어떤 사회적 분야에 처음 등장함을 일컫는 말. 주로 문단에 처음으로 등장하는 것을 이른다.

20. 연기가 남. 또는 연기를 냄.

21. 아름다움을 살펴 찾는 안목.

22. '화가'를 높여 이르는 말.

23. 신맛 · 쓴맛 · 매운맛 · 단맛 · 짠맛을 이른다.

24. 어떤 일의 뜻에 찬동하여 도와줌.

가로

1. 세계적인 아편과 헤로인 생산지로 타이, 라오스, 미얀마 3국의 국경이 접한 산악 지대를 말한다.

5. 일반적으로 현실을 있는 그대로 묘사하고 재현하려고 하는 창작 태도를 이르는 말.

7. 출퇴근이나 통학 따위로 교통이 몹시 혼잡한 시간을 일컫는 말.

9. 금속 또는 목제 테의 한쪽 면에 가죽을 대고 둘레에 작은 방울을 달아 만든 타악기. 손으로 들고 치거나 흔들어 방울을 울린다.

11. 수신된 텔레비전 방송을 증폭하기 위하여 안테나와 텔레비전 수상기 사이에 설치하는 무선 주파수 증폭기.

13. 유전자의 합성이나 변형 따위를 연구하는 학문. 응용 유전학의 한 분야로, 병의 치료나 이로운 산물의 대량 생산을 목적으로 한다.

14. 동물 털의 케라틴으로 이루어진 단백질 실.

15. 규칙적으로 되풀이되는 자연 현상에 따라서 일 년을 구분한 것. 일반적으로 온대 지방은 기온의 차이를 기준으로 봄, 여름, 가을, 겨울로 나누고, 열대 지방에서는 강우량을 기준으로 건기와 우기로 나눈다.

16. 경기도 고양시 일산동구 마두동에 있는 지하철 3호선 역 이름.

18. 노력과 수고를 들여 이루어낸 일의 결과.

19. 어떤 움직임에 대하여 그것을 거스르는 반대의 움직임이 생겨남. 또는 그 움직임.

20. 화물만 실어 나르는 기차.

세로

1. 새로운 금 산지를 발견하여 많은 사람이 그곳으로 몰려드는 현상. 특히 1848년 미국 캘리포니아에서 금광이 발견되면서 70년대까지 사람이 몰렸던 일을 이르기도 한다.

2. 가까이 사는 집이나 그런 사람을 일컫는 말.

3. 유지가 가수 분해를 할 때 지방산과 함께 생성되는 액체. 무색투명하고 단맛과 끈기가 있다. 의약품, 폭약, 화장품 따위의 원료나 기계류의 윤활제로 쓴다.

4. 바로 얼마 전부터 이제까지의 무렵을 줄여 일컫는 말.

6. 이끼 종류의 식물에서 짜낸 자줏빛 색소. 염기를 만나면 푸른색이 되고, 산을 만나면 붉은색이 되므로 수용액의 산성 또는 염기성을 검사하는 지시약으로 쓰인다.

8. 왕가위 감독이 1990년에 연출한 장편영화. 어머니에게 버림받은 탓에 사랑을 믿지 않는 남자와 그 주변 사람들의 쓸쓸한 인간관계에 대해 묘사했다. 홍콩금장상

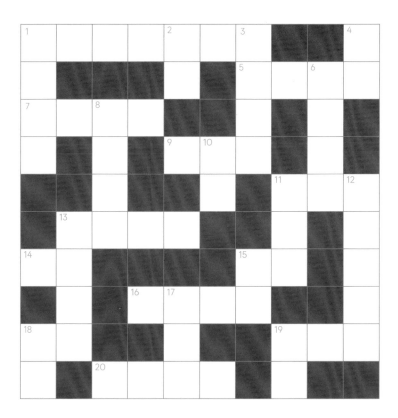

영화제에서 작품상과 감독상을 비롯해 5개 부문을 수상했다.

10. 버드나뭇과 버드나무속의 식물을 통틀어 이르는 말.

11. 예수 부활을 기념하는 축일. 부활 주일부터 일주일 또는 50일 동안의 기간을 말한다.

12. 화물이 최초 출발지에서부터 최종 목적지에 도착하기까지 드는 모든 비용. 집배 비용, 환적 비용, 각종 수수료를 포함한 비용을 말한다.

13. 속세를 떠나 아무 속박 없이 조용하고 편안하게 삶을 뜻하는 말.

15. 사물이 어떠한 기준에 의하여 분간되는 한계.

17. 도체가 자기장 내에서 운동할 때 전기가 발생하는 것을 이용하여, 기계적 에너지를 전기적 에너지로 변환하는 장치를 통틀어 이르는 말.

18. 공로와 과실을 아울러 이르는 말.

19. 대학교를 다니다가 중간에 하는 재수. 또는 대학교에 입학만 한 상태로 하는 재수.

가로

1. 은행 따위에서 입금 상황을 적는 전표.

4. 북쪽 방위를 지키는 신령을 상징하는 짐승. 거북과 뱀이 뭉친 모습으로 형상화하였다.

5. 컴퓨터에서, 실제 세계와 비슷하게 가상적으로 구축한 환경.

7. 인쇄판을 만드는 일을 맡은 부서. 특히 사진 제판을 맡은 부서를 이른다.

8. 맑은 술을 떠내거나 걸러내지 않아 밥알이 동동 뜨는 막걸리.

10. 북극점을 중심으로 펼쳐지는 고위도지방. 얼음으로 덮여 있는 넓은 해양과 이를 둘러싼 나무가 없는 동토로 되어 있다.

12. 조선시대의 사법기관. 임금의 명령을 받들어 중죄인을 신문하는 일을 맡아 하던 관아를 말한다.

14. 크게 수용성과 지용성으로 나뉘고 부족하면 특유의 결핍 증상이 나타난다. 비교적 소량이 필요로 하지만 체내에서 생성되지 않는다.

15. 가부장이 가족에 대한 지배권을 행사하는 가족 형태.

17. 마디풀과의 한해살이풀. 전분이 많아 가루를 내어 국수나 묵 따위를 만들어 먹는다.

18. 증여를 통하여 다른 사람의 권리나 재산을 받은 사람에게 물리는 세금.

19. 삼권의 하나. 민사, 형사, 행정에 관한 재판권으로서 법원에 속해 있다.

20. 유교 경전인 사서(四書)의 하나. 공자의 유서라는 설과 자사 또는 증자의 저서라는 설이 있다. 본디 ≪예기≫의 한 편이었던 것을 사마광이 처음으로 따로 떼어 ≪대학광의≫를 만들었다. 그 후 주자(朱子)가 다시 한번 손을 대면서 현재의 형태가 되었다.

21. 불순물 따위를 제거하기 위하여 액체를 일시적으로 저장하여 두는 수조. 침전이나 약품 처리로 불순물을 제거한다.

22. 할로겐 원소의 하나. 자극성 냄새가 나는 황록색 기체. 산화제·표백제·소독제로 쓰이며, 물감·의약·폭발물·표백분 따위를 만드는 데도 쓰인다. 녹는점은 영하 100.98℃이고, 끓는점은 영하 34.07℃이다. 원자 기호는 Cl, 원자 번호는 17이다.

23. 스승으로 섬김. 또는 스승으로 삼고 가르침을 받음.

세로

1. 목욕을 좀 더 쾌적하게 하고자 쓰는 화장품. 주로 욕조에 넣어 쓴다.

2. 겉으로 드러나는 언행과 속으로 가지는 생각이 다름을 뜻하는 말.

3. 비속어인 '존나'와 '버티다'를 합쳐서 줄인 말로 엄청 힘든 과정을 거치는 중이거나 참는 상황에서 사용하는 신조어.

4. 물질이 존재하고 여러 가지 현상이 일어나는 장소를 이르는 말.

5. 주체성이 없이 세력이 강한 나라나 사람을 받들어 섬기는 태도.

6. 관아의 접대비나 역(驛)의 경비를 충당하게 하고자 지급하던 토지.

9. 설사를 멎게 하는 약. 창자 운동 억제 약물과 흡착제를 주로 사용한다.

11. 절대 알려져서는 안 되는 중요한 일.

13. 다른 조세에 부가하여 부과되는 조세를 이르는 말.

16. 장부를 대조해 가며 회계 업무나 정산 등을 하는 일.

17. 메기처럼 몇 오라기만 양쪽으로 길게 기른 수염.

18. 투자자 대신 증권을 사고팔거나 금융 일을 하는 회사.

21. 고요하여 괴괴함.

가로

1. 불을 이용한 교묘한 기술이나 재주 따위를 엮어서 보여 주는 쇼.

3. 와이셔츠 깃 밑에 둘러 앞으로 늘어뜨리거나 나비 모양 매듭을 만드는 천.

5. 접어서 맨 책의 종이가 얇아 힘이 없을 때, 그 접은 각 장의 속에 넣어 받치는 종이.

7. 일반적인 결혼식과는 다르게 지인과 친구 등 친한 하객만 초대해서 색다른 장소에서 색다른 방식으로 치르는 결혼식을 일컫는 말. 한국에서는 결혼식의 문제점으로 지적되어 오던 '허례허식'에서 벗어나고자 하는 일종의 운동이기도 하다.

8. 천국에서 추방된 천사. 스페인 마드리드의 부엔 레티로 공원에는 ○○○○ 동상이 있다.

10. 서울 경복궁 뒤 북악산 기슭에 있는 우리나라 대통령 관저.

13. 쇠로 만든 창살.

14. 2015년 4월 5일부터 방영된 MBC 예능. 정체를 숨긴 스타들이 노래 실력만으로 겨룬다.

15. 기도의 점막이 자극받아 숨소리를 터트려 내는 일. 목감기의 주된 증상 중 하나다.

17. 전에 올라온 글을 다시 작성했다는 의미로, 가장 첫 페이지로 끌어 올린다는 뜻의 신조어.

19. 조선 중기의 문신이자 학자. 서경덕의 학설을 이어받아 주기론을 발전시켜 이황의 주리적 이기설과 대립했다. 저서에 《율곡전서》, 《성학집요》, 《정연일기》가 있다.

21. 오른손을 들어 올려서 하는 경례. 주로 군복이나 제복을 입은 사람들이 한다.

22. ○○○○○ 세대는 제2차 세계대전이 끝난 1946년에서 1965년 사이에 출생한 사람들을 일컫는다. 세계대전 기간 떨어져 있던 부부들이 전쟁이 끝나자 다시 만나고 미뤄졌던 결혼도 한꺼번에 이뤄진 덕분에 생겨난 이들은 이전 세대와는 달리 성 해방과 반전운동, 히피 문화, 록 음악 등 다양한 사회·문화운동을 주도해 왔다.

세로

2. 한군데에서 여러 가지 물건을 살 수 있도록 상점들이 모여 있는 곳.

4. 1912년 4월 10일 첫 항해를 시작한 대형선박의 이름. 영국의 사우스햄프턴을 출항 후 미국의 뉴욕으로 향하다가 4월 14일 북대서양의 뉴펀들랜드로부터 남서쪽으로 640킬로미터 떨어진 바다에서 빙산에 충돌하여 침몰하였다.

5. 의사의 진료를 돕고 환자를 돌보는 사람. 법으로 그 자격을 정하고 있다.

6. 네덜란드 출신의 축구감독. 지난 1998년 프랑스 월드컵에서 네덜란드에 이어 2002년 한국 등 맡은 팀마다 월드컵 4강행을 이끌며 '○○○ 매직'이란 신조어를 만들었다.

7. 고온의 스팀으로 진드기, 곰팡이 등을 살균하고 미세먼지나 각종 때를 제거하는 청소기.

9. 세상을 만듦. 민족과 문화에 따라 세상을 누가 어떤 방식으로 만들었는지 혹은 어

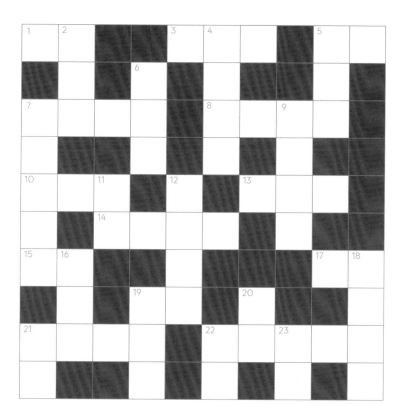

떤 원리에 의하여 세상이 만들어졌는지에 대한 다양한 신화들이 있다. 구약 성경 〈창세기〉 제1장의 이야기도 이것의 일종이다.

11. 가슴 아래 배꼽 위에 있는 부분의 배를 지칭하는 말.

12. 다리가 짧고 굽은 이를 낮잡아 이르는 말. 또는 자기 잇속을 위해 남에게 잘 달라붙는 사람.

16. 잎이 침엽으로 된 겉씨식물. 온대 북부를 중심으로 전 세계에 약 500종이 분포하는데 우리나라에는 소나무, 잣나무, 향나무 따위가 있다.

18. 위로 올려붙인 머리.

19. 상례에서 벗어나 특이한. 또는 그런 것.

20. 일이나 형편이 시간의 경과에 따라 변하여 나감. 또는 그런 경향.

21. 몸이 아주 큰 사람.

22. 잠을 자거나 누울 때에 머리를 괴는 물건.

23. 산이나 언덕 따위가 기울어진 상태나 정도. 또는 그렇게 기울어진 곳.

가로

1. 화성과 목성 사이의 궤도에서 태양의 둘레를 공전하는 작은 행성. 무수히 많은 수가 존재하며 대부분 반지름이 50킬로미터 이하이다.

4. 수심 200미터 이상의 깊은 바다에 사는 어류를 통틀어 이르는 말. 연약하고 탄성이 있는 뼈와 근육, 단순한 몸빛, 발광기, 퇴화한 눈이 특징이다.

6. 보존 가치가 있지만 널리 알려지지 않은 장소를 지역 특성에 맞게 많은 사람들이 즐겨 찾을 수 있도록 하는 것. 차별화된 ○○○.

8. 나무로 만든 칼집 중간에 붙어 있는 청동으로 만든 테 장식.

10. 신라 헌강왕 때 처용이 지은 향가. 아내와 동침하던 역신을 물리친 노래로, 8구체로 되어 있다.

12. 소나 돼지 따위의 가슴통을 이루는 좌우 열두 개의 굽은 뼈와 살을 식용으로 이르는 말.

13. 회전하는 물체의 회전 속도를 고르게 하고자 회전축에 달아 놓은 바퀴.

15. 작은 새나 벌레, 파리 따위를 잡는 데 쓰는 끈끈한 물질. 또는 그런 물건.

17. 아무것도 없이 텅 빔.

18. 음력 5월 5일에 행해지는 제의(祭儀). 여름 축제의 하나로 이날은 씨름, 그네뛰기 등 각종 놀이와 굿이 행해진다.

19. 서양화의 데생에 쓰이는 콩테나 파스텔 같은 막대기 모양의 화구.

23. 달이 지구의 그림자에 완전히 가려 태양 빛을 받지 못하고 어둡게 보이는 현상.

25. 수술할 자리만 부분적으로 마취하는 일.

26. 술을 따라 주거나 권하는 상대가 없이 혼자서 술을 마심.

세로

1. 원곡 가수는 김태희. 해 질 녘 소양강의 아름다운 풍경에 떠나간 임을 그리는 처녀의 애절한 마음이 노랫말에 녹았다. 나훈아, 하춘화, 현철, 심수봉 등 많은 가수가 이 노래를 리메이크했다.

2. 어떤 일에 대해 자기의 입장이나 견해 또는 방침 따위를 공개적으로 발표함. 또는 그 입장이나 견해.

3. 칼슘과 염소의 화합물. 공업에서는 화학 실험과 제빙 따위에 쓰이고, 의료에서는 소염제, 지혈제 따위로 쓰인다.

5. 해가 막 솟아오르는 때. 또는 그런 현상.

7. 겉으로는 비슷하나 속은 완전히 다름. 또는 그런 것.

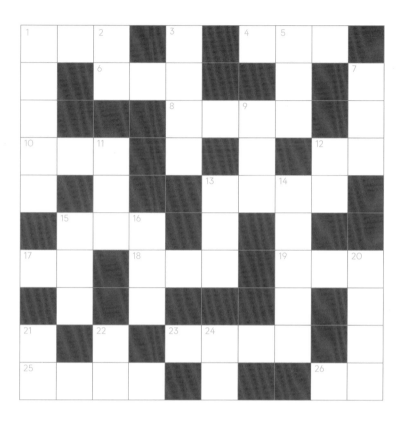

9. 남과 잘 사귀는 성질이나 수단.

11. 가방을 들 수 있게끔 가방에 단 줄. ○○○이 길다.

12. 검불이나 곡식 따위를 긁어모으는 데 쓰는 기구. 한쪽 끝이 우그러진 대쪽이나
철사를 부챗살 모양으로 엮어 만든다.

13. 특권을 가진 관료가 국가 권력을 장악하고 지배하는 정치 제도.

14. '불규칙하게 생긴 진주'를 가리키는 말로, 16세기 말부터 18세기 중엽에 걸쳐 유
럽에서 유행한 예술 양식. 건축, 음악, 미술, 문학 등 여러 분야에서 나타난다.

15. 허리띠가 달린 치마. 또는 바지 허리.

16. 전통이나 권위에 맞서 혁신적으로 일을 처리하는 사람을 일컫는 말.

20. 격려나 응원 따위에 자극받아 힘이나 용기를 더 냄.

21. 자기 나라가 아닌 다른 나라.

22. 옥황상제가 하늘에서 타고 다닌다는 말.

24. 씩씩한 기상과 굳은 절개.

중국의 사대 미인

서시, 왕소군, 양귀비, 초선(혹은 우희).

위에 언급된 사람들은 공통적으로 아주 미인이라고 전해지는 사람이다. 통칭 중국의 사대 미인이라고 일컬어지며. 간혹, 초선 대신에 우희를 넣어 이르기도 한다. 도대체 누가, 언제 이것을 정했을까? 사료나 고증도 없으니 짐작이 어려운 부분이다.

* 서시

서시는 기원전 5세기(춘추 시대 말기)의 사람이다. 월왕 구천은 오왕 부차와의 전쟁에서 패하고 참모 범려의 전략에 따라 패전 처리에 대한 공물로 서시를 보내게 된다. 오나라 부차의 여인이 된 서시는 총애를 듬뿍 받았고, 서시에게 빠진 부차는 월나라를 없애자고 주장하던 오자서를 죽이기까지 한다. 훗날 국력을 키운 월나라에 오나라는 패망하게 된다.

오나라가 패망한 뒤, 서시의 행적에 대해서는 많은 설이 있지만 모두 정확하게 알 수 없으니, 취향대로 믿으면 될 것 같습니다.

* 왕소군

기원전 1세기경의 인물로, 흉노의 호한야 선우, 복주누약제 선우의 처로 원래는 한나라 원제의 궁녀였다고 한다. 생몰 연도는 불확실하다. 전하는 이야기에 따르면 한나라 원제는 후궁이 많아서 화공에게 궁녀들의 초상화를 그리게 한 뒤, 그걸 보고 누구와 동침할지를 결정했다고 한다. 당시에는 후궁으로 들어가서 황제의 얼굴을 한 번도 못 보고 죽는 여자가 많았기에, 후궁들은 화공 모연수에게 예쁘게 그려 달라고 뇌물을 바쳤는데 왕소군만이 뇌물을 주지 않아서 황제의 총애를 받을 수 없었다고 한다.

당시 흉노와 한나라는 평화를 유지하고 있었는데, 흉노에서 궁녀를 보내 달라는 요청이 오자 원제는 적당히 후궁을 보내기로 하였다. 초상화만을 보고 흉노로 보내도 아깝지 않을 후궁을 결정했는데 그 후궁이 왕소군이었다. 가기 전날에 왕소군을 만나보았더니 천하절색이어서 그 아름다움을 접하고 넋이 나갔지만, 이미 결정된 사항이라 어쩔 수 없이 흉노에게 보냈다고 한다. 흉노에게 보내기 전에 하룻밤을 함께 했다는 이야기도 있기는 하나 그것을 알 수 없다. 초상화를 그린 모연수는 원제의 분노를 얻어 처형되었다고 한다.

* 양귀비

8세기의 인물로 당나라 현종의 며느리였다가 후궁이 되었다. 정확한 이름을 알 수 없으나 양귀비는 이름이 아닌 양(楊)씨 성에 귀비(貴妃)라는 직함이 붙어 생긴 호칭이다.

일부 사료에 따르면 아명이 옥환(玉環) 또는 옥노(玉奴)였다고 한다. 중국 사람들은 양귀비를 보통 양옥환이라고도 부른다.

양귀비가 현종의 눈에 띄어 귀비가 되는 과정은 상당히 파격적이다. 아끼는 여인이 죽어 우울해진 황제를 위해 환관 고력사를 포함한 대신들이 현종의 마음에 드는 여인을 찾아다닌다. 개원 28년(740년), 22세의 며느리가 아름답다는 소문에 온천궁에 행차한 현종은 한눈에 수왕비를 보고 반했다. 시아버지가 며느리를 강제로 데려와 후궁으로 삼는 것은 무리였기에 양옥환을 수왕부에서 나오게 했고, 일시적으로 도관(도교 사원)에 출가시켜 여도사 태진으로 만든 후에 맞이했다.

이때 현종은 57세로. 양귀비와 나이차는 35살에 달했다. 당시 중국의 평균 수명을 따지면 할아버지가 묘령의 아가씨와 정분이 난 꼴인 데다 시아버지가 며느리를 뺏은 촌극이 벌어진 것이었다.

▲ (참고 1) 서안 화청지 양귀비 동상

현종이 해어화라는 별명을 붙여준 것, 동시대의 명사 이백이 그녀를 활짝 핀 모란에 비유한 것을 보아 상당한 미인이었음은 확실해 보인다.

* 초선

가공의 인물인 초선은《삼국지연의》에서 왕윤의 수양딸로 등장해 동탁과 여포 사이를 이간질하는 것으로 유명하다. 이는 여포가 동탁의 이름 없는 시녀와 염문을 가졌다는 정사의 기록에 기반해 새로운 이야기를 만든 것으로 보인다.

그렇지만 소설 상에서 초선은 지혜와 담력, 자신의 정조까지 내버리는 희생정신을 갖고 있었기에 엄청난 인기를 얻었다. 가공인물임에도 불구하고 사대 미인이 되었다.

* 우희

우희는 우미인이라고도 불린다. 진나라 멸망 이후, 초한전쟁에서 한고조와 천하를 놓고 싸운 초패왕 항우가 사랑한 여인으로 유명하다. 그러나 유명세에 비해 기록은 거의 없다.

사마천의《사기》에 실린 기록이 전부인데, 그에 따르면 우희는 항우에게 총애를 받던 미녀로, 항상 그를 따라다녔다고 한다는 기록만 전한다.

정답

정답

Q1 5 x 5

수	문	장		수
영		도	읍	지
장			참	
	천	리	마	
고	도		속	물

Q2 5 x 5

주	적	주	적	
문			반	도
	반	지	하	
	창		장	군
유	고			장

Q3 5 x 5

	소	탐	대	실
사	감		동	
이			법	규
비	서			장
	약	사		각

Q4 5 x 5

풍	전	등	화	
기			룡	
문		쟁	점	화
란	마		정	
	모	기		

125

정답

Q5   5 x 5

이	어	달	리	기
어		마		자
도	둑			조
		병	원	선
청	심	환		

Q6   5 x 5

지	중	해		
지		일	광	욕
부				지
진	사		표	기
	자	만	심	

Q7   5 x 5

산	해	진	미	
유			소	문
국	유	지		전
	목			성
이	민		가	시

Q8   5 x 5

기	회	주	의	자
무				화
사	마	귀		자
		구	성	찬
미	간		경	

정답

정답 · 가로세로 낱말 퍼즐

Q1   6 x 6

이	정	표		수	신
	기				상
정	적		조	용	필
책			조		벌
현			할	증	
안	하	무	인		

Q2   6 x 6

사	무	실		독	거
필		미		도	
귀		도	도	새	
정	읍			우	롱
	소	위			코
		반	칙		트

Q3   6 x 6

		모	리	스	창
진	달	래			가
눈		무		수	
깨		지	필	묵	
비	경			화	환
	악	비			청

Q4   6 x 6

국	위	선	양		오
정			문		방
교		형	형	색	색
과			냉		
서	점		장		
	주		고	고	학

Q5   6 x 6

신	윤	복			
신		지			
당		제	로	섬	
부		도		섬	
	약			옥	고
	어	리	장	수	

Q6   6 x 6

한	강		발	전	기
비					회
자	자	손	손		비
	연		자	가	용
	주		병		
모	의		법	주	사

Q7   6 x 6

문	재	인			
학		성	찰		
상	장		나	루	터
	유				춧
	유	인	촌		대
양	서		부	피	감

Q8   6 x 6

법	치	주	의	국	가
		홍			로
편	지	글			수
모		씨	받	이	
슬	시			자	
하		겸	사	겸	사

정답

Q1   7 x 7

초	대	장		단	말	마
승				지		지
달	맞	이				노
		탈		포	경	선
		리				
나	무	아	미	타	불	
	녀				상	사

Q2   7 x 7

경	찰	관		관	상	수
		포		우		집
형	설	지	공		관	광
무	교			포	성	
소	유			물		
	원	양	어	선	원	
토	지				로	밍

Q3   7 x 7

과	대	망	상			개
		부		선	악	과
대	리	석				천
대			상		전	선
로	마		경	고	문	
	분				대	장
지	지	대	고	개		면

Q4   7 x 7

제	분	소			입	
자				첨	성	대
백	담	사		단		
가		군	수	산	업	
		이		업		혼
	해	충	제			천
고	무		국	수	주	의

Q5 7 x 7

불	가	리	아		주	문
가			주	인	공	
분	통		까			
	지	리		근	심	
몰	서			두		
지			대	리	운	전
각	개	격	파			공

Q6 7 x 7

명	불	허	전		공	원
성		영			중	
황		심	기	일	전	
후	견			지		
	물	색		매	표	소
기	생					록
	심	장		울	릉	도

Q7 7 x 7

맞	춤	법		율	무	차
		치		법		고
나	석	주			백	지
전		의	사		령	
칠			무	인	도	
기	찰		라			수
	떡		이	기	주	의

Q8 7 x 7

민	박		합		수	금
	수	수	방	관		자
	무			습		장
유	당			법	화	경
인		수			랑	
		전	리	품		전
접	수	증		격	투	기

정답

Q1   8 x 8

명	세	서	■	맹	■	하	강
암	■	유	■	독	립	문	■
■	■	기	물	■	■	■	■
■	■	■	물	심	양	면	■
■	기	독	교	■	■	봉	■
■	록	■	환	관	■	■	농
문	물	■	■	리	■	■	기
상	■	■	■	소	래	포	구

Q2   8 x 8

도	원	수	■	■	전	천	후
원	■	사	■	유	생	■	견
결	■	대	제	학	■	장	인
의	분	■	문	■	■	미	■
■	무	■	■	김	영	란	법
흥	기	■	어	■	일	■	■
부	■	■	물	■	만	파	식
전	자	사	전	■	■	리	■

Q3   8 x 8

공	인	인	증	서	■	예	■
■	명	■	신	기	방	■	기
■	사	■	■	■	■	■	술
■	전	쟁	기	념	관	■	보
■	■	■	■	치	■	■	증
■	전	쟁	배	상	금	■	기
■	인	■	신	■	융	자	금
야	권	■	자	■	해	■	■

Q4   8 x 8

■	사	우	디	아	라	비	아
■	■	크	■	■	■	■	리
코	알	라	■	■	가	우	스
디	■	이	탈	속	도	■	토
네	■	나	■	■	■	■	텔
이	■	■	■	■	너	스	레
터	치	스	크	린	■	■	스
■	약	■	■	치	도	곤	■

정답

Q5 8 x 8

시	정	연	설	■	■	■	내
가	■	■	화	무	십	일	홍
총	포	사	■	■	전	■	■
액	■	회	■	■	대	물	림
■	■	보	■	■	보	■	■
각	축	장	■	■	탕	후	루
설	■	제	주	도	■	유	■
탕	■	도	■	강	■	증	■

Q6 8 x 8

노	장	■	■	■	아	파	트
벨	■	구	독	경	제	■	래
문	■	두	■	■	■	■	블
학	■	계	백	■	마	블	링
상	비	약	■	■	네	■	■
■	익	■	스	타	킹	■	대
강	조	■	티	■	몸	■	주
화	■	■	커	■	매	실	주

Q7 8 x 8

자	영	업	자	■	자	■	■
화	■	신	상	필	벌	■	■
자	■	감	■	■	렁	■	■
찬	송	가	■	■	벌	집	■
■	알	■	거	짓	부	렁	■
■	송	■	■	전	■	■	■
■	알	맹	이	■	자	■	상
■	■	추	■	■	전	세	기

Q8 8 x 8

북	한	강	■	법	■	■	견
■	■	시	청	률	■	수	문
파	■	■	렴	■	■	장	■
르	■	결	산	보	고	서	■
페	이	퍼	백	■	■	라	■
■	전	■	■	타	■	벌	■
■	투	자	유	의	종	목	■
자	구	■	종	■	■	도	■

정답

Q1   9 x 9

사		이		모	델	하	우	스
군	주	론				수		
자		가	가	멜		관		
			요		프	로	포	폴
음	주	가	무		로		인	
악		대		이		트		
평	시	서			트			
론		당	대	표			투	투
가			결	사	항	전		

Q2   9 x 9

마	키	아	벨	리		은	인	
	다		기		홍	어		적
	리	에	게	해				벽
	아			르		사	랑	가
고	저			만	년	필		
	씨	유	족			귀		
			물			정	주	영
빅	뱅	이	론					웅
뱅			자	조	론		간	담

Q3   9 x 9

대	동	소	이		유	풍	여	속
동			모	모				의
여	불	위		로		일	봉	
지			코	란	도			
도	종	환			양	귀	비	
		인	구		상	단		비
인	도		구					크
용			절	도	범		유	림
구	구	세	절		죄		료	

Q4   9 x 9

손		특	장	차		엄	친	아
아	랫	목						이
랫		고	참			레	미	콘
사			이			미		
람	보		슬	라	이	더		
	자			이			미	결
승	기		전	야	제			산
전		군	량		이	전	등	기
보	부	상					창	

Q5   9 x 9

동	계	올	림	픽			일	식
상							확	
이		만	리	장	성		천	
몽	고	족			인		금	괴
	비			군				발
고	사			읍	자			개
	막	무	가	내			불	발
		용		원		침		
고	노	담	화		한	꺼	번	에

Q6   9 x 9

마	법	사		다	이	아	몬	드
의		장	거	리		프		론
태						리		
자	업	자	득			카	스	바
	둥		도	개	교			
	이	문			편	두	통	
불		치			문			
국		주				불	출	마
사	마	의		팔	불	출		원

Q7   9 x 9

수	미	산			포	악	무	도
수		장		청		인		
깡	통		청	계	천		지	
			록				경	사
	다	수	결					업
	다		백	마	강		군	가
무	미				화		국	
뢰		공			조		주	주
한	일	병	합	조	약		의	

Q8   9 x 9

금	수	강	산				변	두	리
성				울	산	바	위		듬
	비	자	림						박
평		전					교	수
정		거	상		공	처	가
심	형	래				세	
	광		기		술	탄
	물	아	일	체		생
각	질		조		채	석	장

정답

Q1 10 x 10

개	국	공	신		감	정	평	가	사
차		빙	하	기		상			면
반	발	성				복			초
	본		보	고	타		지	가	
	색		추	수		가		니	
응	원	전			수	사	계		
집		략		식		분		수	목
		무	한	도	전		소		판
무	인	기		암			금	잔	화
도						개	장		

Q2 10 x 10

기	획	안			성	대	모	사	
름		티				병			
칠		고		기	간	제	교	사	
	안	네	의	일	기			관	
폐	경		가			뇌	과	학	
수		사		묘	약		교		
관	혼	상	제			탈	취	제	
	수		대	출		농		풍	덩
	상			판	매	업			어
서	태	후		사			넋	두	리

Q3 10 x 10

비	망	록		가		종	갓	집	
트		발	가	락	양	말		필	부
코		라		지				동	
인		드		교		부	항		
			차		스				
누	각		프	로	파	일	러		
	막	도	장		급		기	차	
수	염		중	력	지	도		도	
식		설	득			주	름	살	
어			실	개	천			인	

Q4 10 x 10

모	닥	불			월	세			대
조		꽃	망	울		계			학
품		놀		음	수	사	원		신
		이	즈	바		천	자	문	
			다		특	징			
	화	엄	경			수	국		
회	로		국		등		간	악	
			지		발	단	심	장	
화		오	색	찬	연		미		
백	치	미		조		안	보	리	

Q5 10 x 10

골	든	트	라	이	앵	글			요
드			웃		리	얼	리	즘	
러	시	아	워		세			트	
시		비		탬	버	린		머	
		정			들		부	스	터
	유	전	공	학			활		미
섬	유				계	절			널
	자		정	발	산	역			비
공	적			전		반	작	용	
과		화	물	기	차		수		

Q6 10 x 10

입	금	표				존		현	무
욕		리		사	이	버	공	간	
제	판	부		대			수		
			동	동	주		위		지
북	극		의	금	부				사
	비	타	민			가	부	장	제
메	밀			증	여	세		부	
기		사	법	권			회		대
수						정	화	조	학
염	소		사	사	적				

Q7 10 x 10

불	쇼		넥	타	이		간	지	
	핑		히		이		호		
스	몰	웨	딩		타	락	천	사	
팀			크		닉		지		
청	와	대		앙		쇠	창	살	
소		복	면	가	왕		조		
기	침			발			끌	올	
	엽		이	이		추		림	
거	수	경	례		베	이	비	부	머
인		적			개		탈		리

Q8 10 x 10

소	행	성		염		심	해	어	
양		명	소	화			돋		사
강				칼	집	붙	이		이
처	용	가		숨	임			갈	비
녀		방			관	성	바	퀴	
		끈	끈	이		료		로	
공	허		단	오	제		크	레	용
	리		아				양		기
외		천		개	기	월	식		백
국	소	마	취			개		독	배